이 책을 만든 이:
_____
_____

스펙트럼의 다양한 색을 이용해 내 이름의 자음과 모음을 각각 다른 색으로 써 보아요.
36쪽 참고

과학 없는 과학

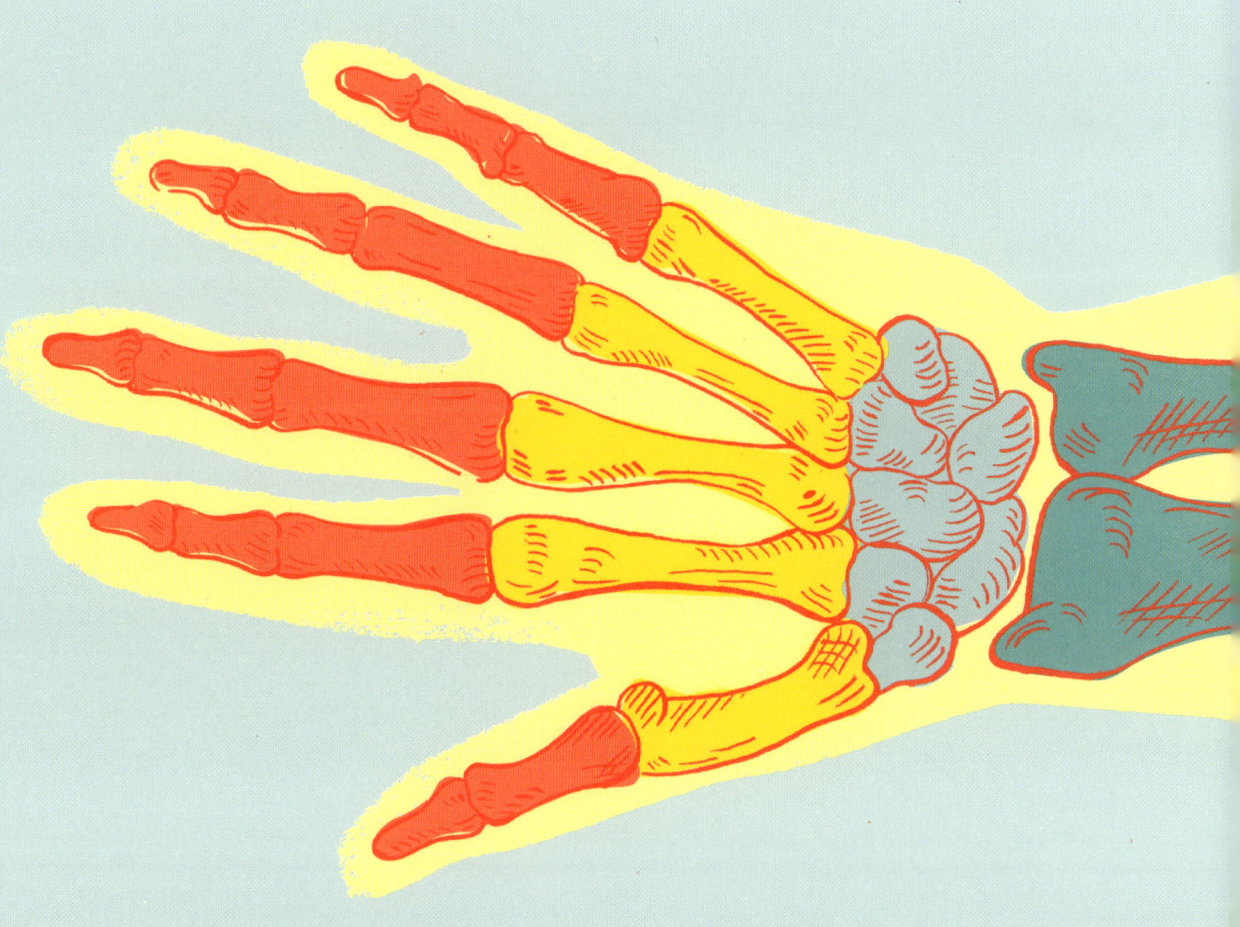

글 클라이브 기포드 | 그림 샬럿 밀너 | 옮김 김은영

사파리

글 클라이브 기포드
어린이와 어른을 위한 책을 150권 이상 쓰고 여러 상을 받았어요.
착시와 벌레를 좋아하고, 무엇보다 자신이 사랑하는 과학을
널리 알리는 데 가장 큰 기쁨을 느낀답니다. 쓴 책으로
《100가지 놀라운 상식》, 《구글 어스 세계 여행》 등이 있어요.

옮김 김은영
서울대학교 자연과학부를 졸업했어요. 지금은 격주간 과학만화잡지
〈어린이과학동아〉에서 과학을 쉽고 재미있게 전달하기 위해 애쓰고 있지요.
옮긴 책으로는 《세상을 바꾼 수학》,
《지식이 번쩍! Creativity Book _ 우주 탐사》 등이 있어요.

과학 없는 과학

초판 1쇄 발행일 | 2016년 12월 25일
개정판 3쇄 발행일 | 2023년 12월 10일
글 클라이브 기포드 | 옮김 김은영
펴낸이 유성권 | 편집장 심윤희 | 편집 송미경, 김미희 | 디자인 황금박g, 이수빈
마케팅 김선우, 강성, 최성환, 박혜민, 심예찬, 김현지 | 홍보 김애정, 임태호
제작 장재균 | 관리 김성훈, 강동훈
펴낸곳 (주)이퍼블릭 | 출판등록 1970년 7월 28일(제1-170호)
주소 서울시 양천구 목동서로 211 범문빌딩 | 전화 02-2651-6121 | 팩스 02-2651-6136
홈페이지 www.safaribook.co.kr | 카페 cafe.naver.com/safaribook | 인스타그램 @safaribook_
블로그 blog.naver.com/safaribooks | 페이스북 www.facebook.com/safaribookskr

ISBN 979-11-6637-034-2 73400

This is not a science book
Copyright ©2016 Quarto Publishing plc All rights reserved.
Korean edition ©2016 by E*public Korea Co., Ltd,.(Safari)
This edition is published by arrangement with Ivy Kids
an imprint of the Quarto Group through Kids Agency, Seoul, Korea.
이 책의 한국어판 저작권은 키즈마인드 에이전시를 통한
QUARTO(Ivy Kids)와의 독점 계약으로 (주)이퍼블릭(사파리)에 있습니다.
저작권법에 의해 한국 내에서 보호를 받는 저작물이므로 무단 전재와 복제를 금합니다.

*96개월 이상의 어린이에게 적합한 도서입니다. Printed in China
* 이 책의 내용 일부 또는 전부를 재사용하려면 반드시 저작권자와 (주)이퍼블릭 양측의 동의를 얻어야 합니다.
* 사파리는 (주)이퍼블릭의 유아·아동·청소년 출판 브랜드입니다.
* 책값은 뒤표지에 있습니다.

목차

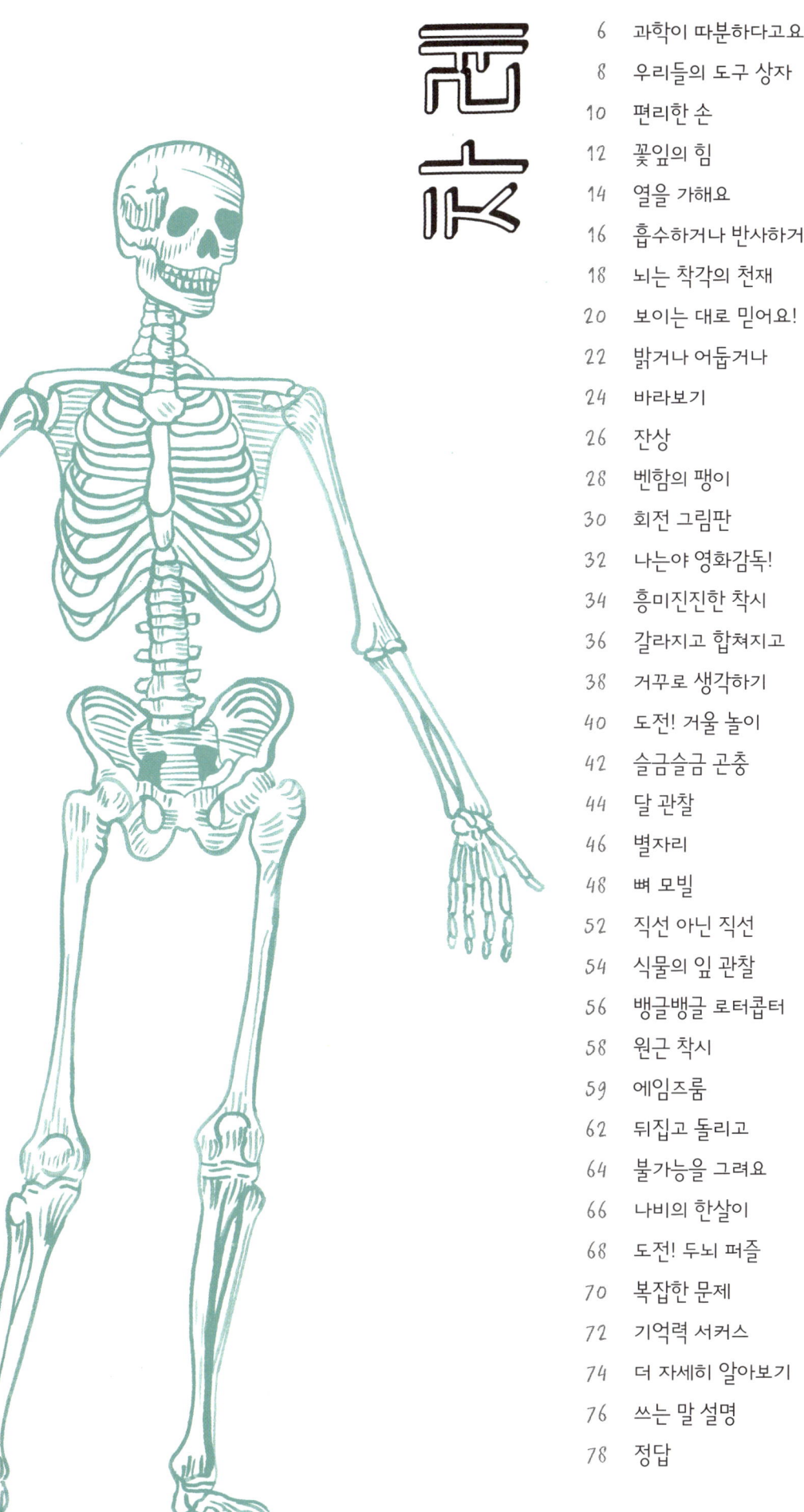

- 6 과학이 따분하다고요?
- 8 우리들의 도구 상자
- 10 편리한 손
- 12 꽃잎의 힘
- 14 열을 가해요
- 16 흡수하거나 반사하거나?
- 18 뇌는 착각의 천재
- 20 보이는 대로 믿어요!
- 22 밝거나 어둡거나
- 24 바라보기
- 26 잔상
- 28 벤함의 팽이
- 30 회전 그림판
- 32 나는야 영화감독!
- 34 흥미진진한 착시
- 36 갈라지고 합쳐지고
- 38 거꾸로 생각하기
- 40 도전! 거울 놀이
- 42 슬금슬금 곤충
- 44 달 관찰
- 46 별자리
- 48 뼈 모빌
- 52 직선 아닌 직선
- 54 식물의 잎 관찰
- 56 뱅글뱅글 로터콥터
- 58 원근 착시
- 59 에임즈룸
- 62 뒤집고 돌리고
- 64 불가능을 그려요
- 66 나비의 한살이
- 68 도전! 두뇌 퍼즐
- 70 복잡한 문제
- 72 기억력 서커스
- 74 더 자세히 알아보기
- 76 쓰는 말 설명
- 78 정답

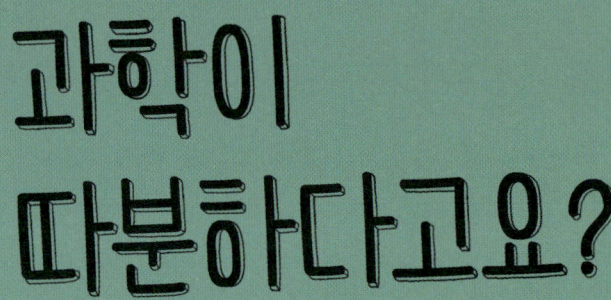

과학이
따분하다고요?

그렇게 생각해도 괜찮아요.
이 책은 과학책이 아니거든요.
아니면 과학책일 수도…?

여러분은 이제 실험실 가운이나
시험관, **교과서를 뛰어넘는**
진짜 과학을 만날 거예요.

과학은 우리 주변에 있는
모든 것이랍니다.

그리고 과학은 사실 정말
멋지고 재미있어요!

과학은 믿을 수 없을 만큼 중요해요. 왜냐하면 과학은 우리 주변의 세상이
어떻게 돌아가고 있는지 설명해 주니까요. 예를 들어 우리가 어떻게
사물을 볼 수 있는지, 빛이 어떻게 다양한 색을 만들어 내는지, 비행기가
어떻게 날 수 있는지, 사람을 포함한 다양한 생물들이 어떻게 살아가는지
등을 말이죠. 또 환상적인 영화나 신기한 마술, 그 밖에 우리가 즐기는
많은 것들도 과학 덕분에 가능한 거랍니다.

이 책은 과학을 이해하기 위한 여러 가지 즐거운 체험으로 가득 차 있어요.
그리고 색칠하고 만들며 주변 세상을 탐험하는 과정을 통해 식물이 어떻게
자손을 남기고 생물이 어떻게 모습을 바꾸는지를 탐구할 거예요. 빛이나 거울 같은
과학적인 현상도 조사할 거랍니다.

또 달을 탐험하고, 몸속 뼈를 그려 보고, 열이 어떻게 반사되거나
흡수되는지 시험해 볼 거예요. 때로는 착시 마술이나
머리를 싸쥐게 하는 까다로운 퍼즐에도 도전할 수 있답니다.

자, 이제 연필이나 펜을 쥐고 책장을 넘겨요.
과학적이고도 창의적인 활동에 도전하다 보면
어느새 전혀 다른 시각으로 과학을 바라보게 될 거예요!

우리들의 도구 상자

이 책에 있는 과학 활동을 하려면 몇 가지 간단한 도구가 필요해요.

사인펜과 크레파스 : 그림을 그리거나 색칠할 때, 또 착시를 일으키거나 퍼즐을 완성할 때 필요해요.

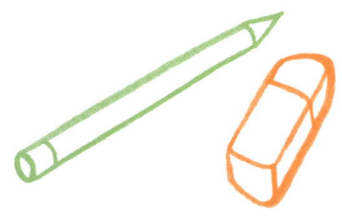

연필과 지우개 : 퍼즐을 풀 때, 처음 해 본 것을 지우고 다시 할 때 필요해요.

두꺼운 종이와 얇은 종이 : 우리가 해 볼 몇 가지 활동 가운데 두껍거나 얇은 종이가 필요한 것이 있어요.

투명 종이 : 책에 있는 그림을 똑같이 따라 그릴 때 필요해요. 9쪽에 정리돼 있는 '옮겨 그리는 방법'을 참고해요.

주의!
책에 실린 활동 가운데 가위나 날카로운 도구를 써야 하는 경우에는 꼭 어른의 도움을 받아요.

컴퍼스 : 완전한 원을 그릴 때 꼭 필요한 도구예요. V자 모양으로 생겼는데 한쪽 다리 끝에는 연필을 매달 수 있고, 다른 쪽 끝은 뾰족하지요. 뾰족한 부분을 종이에 대고 그 점을 중심으로 컴퍼스를 둥그렇게 돌리면 원이 그려져요.

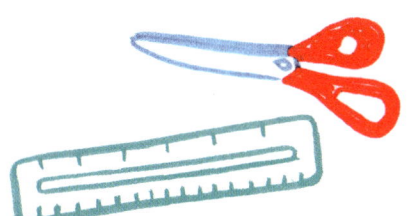

자와 가위 : 30cm 자와 작은 문구용 가위를 준비해요.

있으면 좋은 것 : 이 밖에도 실, 클립, 뭉툭한 몽당연필, 거울 등의 물건들이 필요해요. 모두 집에서 쉽게 찾을 수 있을 거예요.

옮겨 그리는 방법

만들기를 할 때는 본문의 본보기 그림을 투명 종이에 옮겨 그리거나, 이 책 뒤에 있는 그림을 오려서 사용해요. 필요한 경우에는 오린 그림을 두꺼운 종이에 붙여서 사용할 수도 있지요. 본보기 그림을 종이에 옮겨 그리는 방법은 다음과 같아요.

* 투명 종이를 본보기 그림 위에 올려요. 본보기 그림의 선을 투명 종이 위에 연필로 따라 그려요.

* 연필 선이 그려진 투명 종이를 뒤집어 새 종이 위에 올려요. 2장이 서로 어긋나거나 움직이지 않도록 클립으로 단단히 고정해요.

* 연필로 투명 종이에 그려진 선을 다시 한번 따라 그려요. 이때 투명 종이에 그려진 선이 새 종이에 옮겨질 수 있도록 연필심을 세게 꾹꾹 눌러 그려야 해요.

* 그림을 다 옮겨 그리고 나면 선대로 오려요.

편리한 손

우리 몸에는 200개가 넘는 뼈가 있어요. 그 가운데 절반 이상이 손과 발에 몰려 있다는 사실을 알고 있나요?

1 연필을 쥐지 않은 손을 종이 위에 올려놓아요.

2 손 가장자리를 따라 연필로 조심스럽게 그려요.

3 오른쪽 그림을 참고해서 손가락뼈부터 차례로 손에 그려 넣어요.

발도 그려 볼까요? 인터넷에서 자료를 검색하여 발에 있는 26개의 뼈를 그려 보아요!

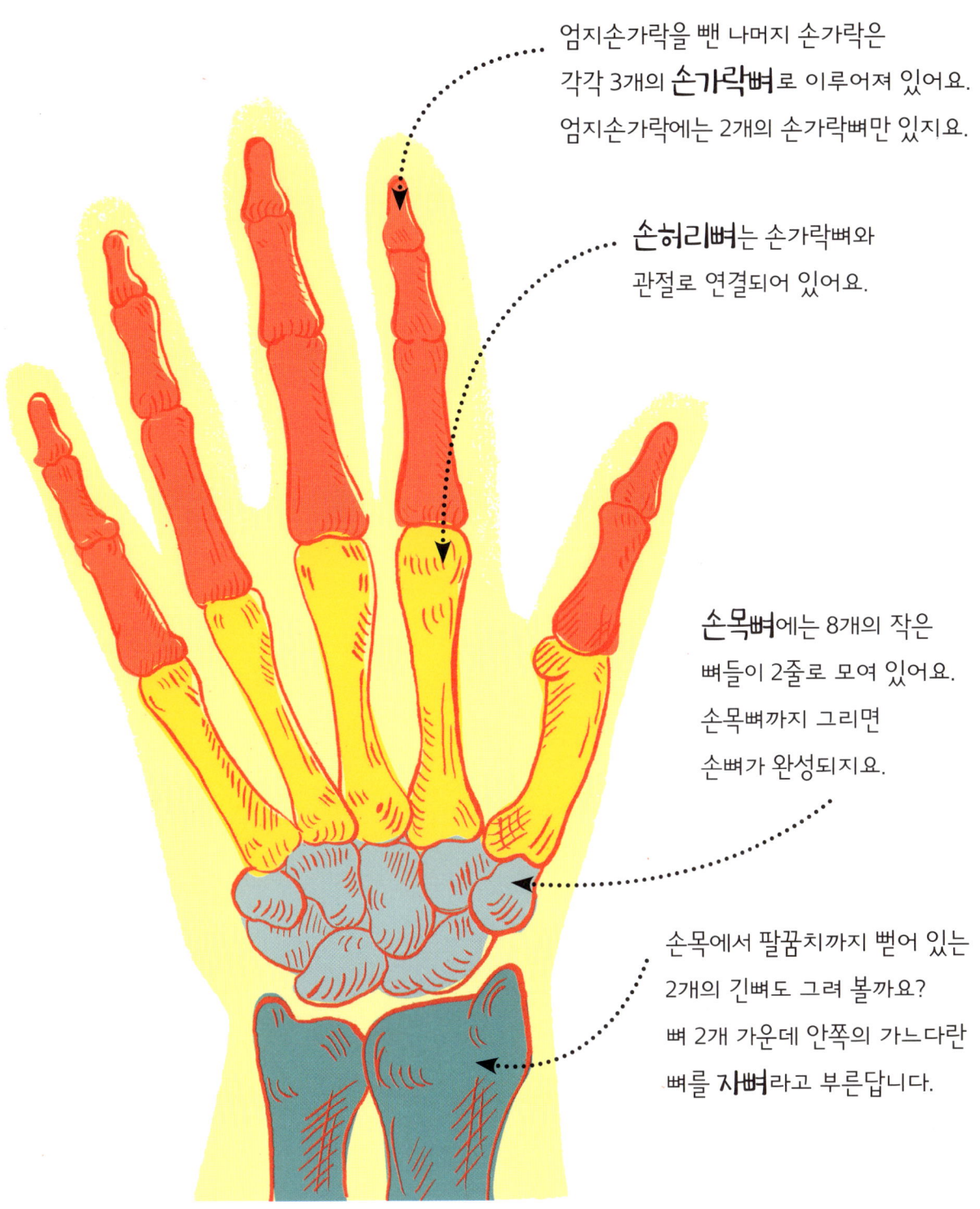

엄지손가락을 뺀 나머지 손가락은 각각 3개의 **손가락뼈**로 이루어져 있어요. 엄지손가락에는 2개의 손가락뼈만 있지요.

손허리뼈는 손가락뼈와 관절로 연결되어 있어요.

손목뼈에는 8개의 작은 뼈들이 2줄로 모여 있어요. 손목뼈까지 그리면 손뼈가 완성되지요.

손목에서 팔꿈치까지 뻗어 있는 2개의 긴뼈도 그려 볼까요? 뼈 2개 가운데 안쪽의 가느다란 뼈를 **자뼈**라고 부른답니다.

우리 손은 각각 27개의 뼈로 이루어져 있어요. 각각의 뼈는 관절로 연결되어 있어서, 아주 넓은 범위까지 자유롭게 움직일 수 있지요. 이 덕분에 손으로 물체를 잡아당기고, 집고, 비틀고, 붙잡을 수 있는 거랍니다.

꽃잎의 힘

꽃은 속씨식물의 생식 기관이에요. 수술과 암술, 꽃잎, 꽃받침으로 이루어져 있어요. 꽃잎과 꽃받침은 잎이 변해 생겨요. 수술에서 나온 꽃가루가 암술에 닿으면 씨앗이 만들어지는데, 이 과정을 '수분'이라고 부른답니다. 씨앗은 새로운 식물로 자라나지요.

아래 번호의 색깔대로 꽃을 칠해 보아요.

꽃의 중심부에 있는 **암술**은 여성의 생식 기관에 해당해요. 암술의 끝부분인 암술머리는 꽃가루가 잘 달라붙을 수 있도록 끈끈한 경우가 많아요.

수술은 꽃에서 남성의 생식 기관에 해당해요. 기둥 역할을 하는 '수술대'와 그 위의 꽃밥으로 이루어져 있지요.

수술의 **꽃밥**에는 꽃가루가 들어 있어요.

꽃잎은 화려한 색과 향기로 꽃가루를 암술에 옮겨 줄 곤충, 새, 다른 동물을 유혹해요.

꽃가루는 동물의 몸에 달라붙어 다른 꽃으로 이동하지요.

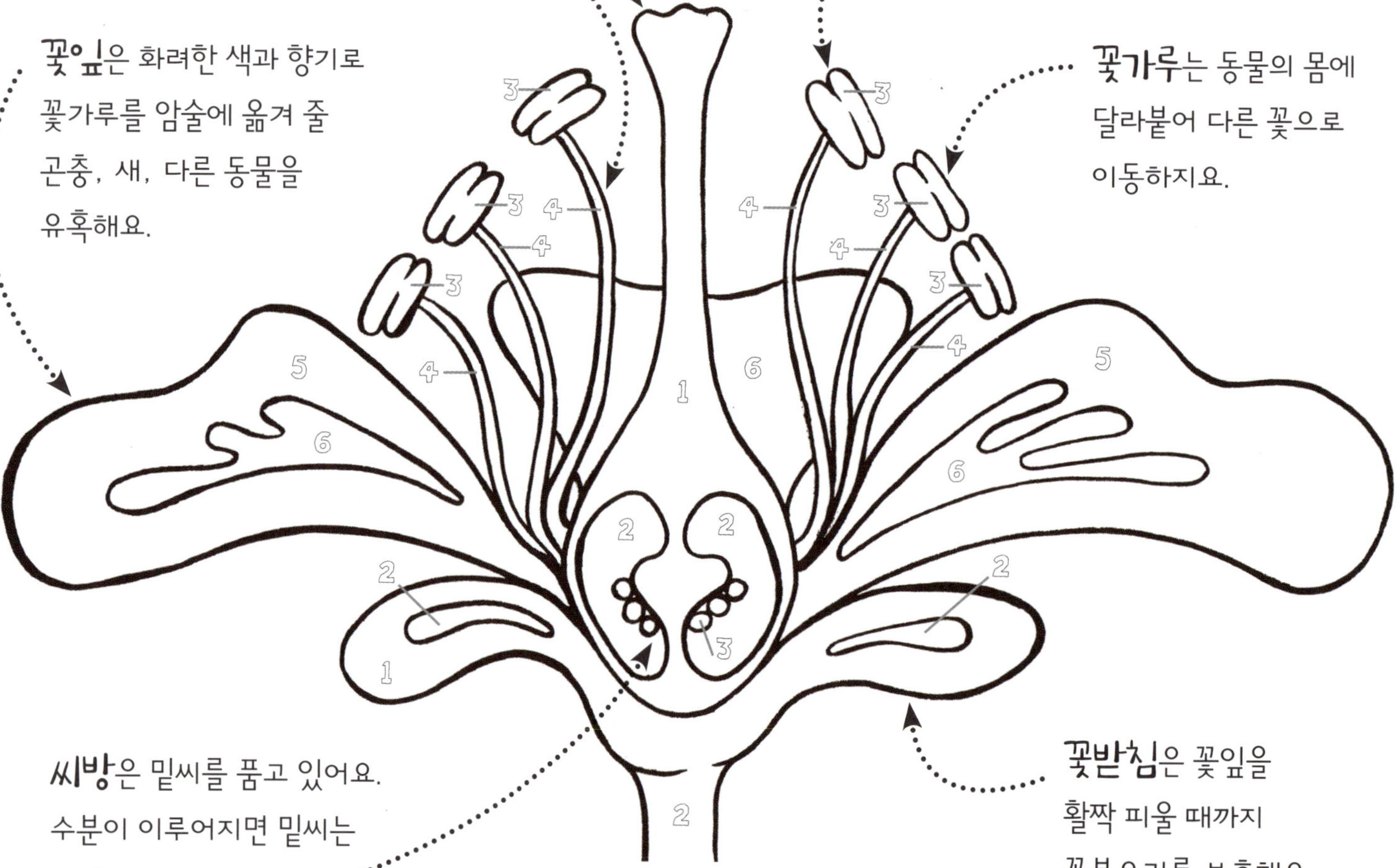

씨방은 밑씨를 품고 있어요. 수분이 이루어지면 밑씨는 씨앗으로 자라나지요.

꽃받침은 꽃잎을 활짝 피울 때까지 꽃봉오리를 보호해요.

1 =  2 =  3 =  4 =  5 =  6 =

자연 • 13

활짝 피었어요

꽃은 색과 모양, 크기가 매우 다양해요. 수선화 같은 꽃은 나팔 또는
종 모양의 꽃을 피워요. 반면 해바라기 같은 꽃은 꽃잎을
바깥쪽으로 활짝 펼친답니다.

주변에 피어 있는 다양한 꽃들을 관찰해 보아요.
그리고 아래에 관찰한 꽃들을 그려 넣어 볼까요?

꽃 주위를 맴도는
꿀벌들을 그려 보아요.

열을 가해요

열은 에너지의 한 형태예요. 무언가에게 열을 가한다는 건 에너지를 전해 준다는 뜻이지요.

뱅글뱅글 뱀

열은 차가운 곳으로 이동해요. 난방기가 추운 집을 따뜻하게 데우는 원리지요. 난방기로 실내 온도가 따뜻해지면 데워진 공기는 위로 올라가고, 위에 있던 차가운 공기가 그 자리로 내려와요. 이런 공기의 흐름을 '대류'라고 하지요. 뱅글뱅글 도는 뱀을 관찰하며 대류를 확인해 보아요!

1 오른쪽에 있는 뱀 그림을 두꺼운 종이에 옮겨 그리거나 복사해서 사용해요. 이 책 뒤에 있는 그림(81쪽)을 사용해도 좋아요.

2 뱀 그림 안에 있는 뱅글뱅글 점선을 따라 그림을 오려요. 그런 다음 뱀 머리에 실을 붙여요.

3 뱀을 난방기 위쪽에 매달아 놓고 뱀이 어떻게 움직이는지 잘 관찰해 보아요.

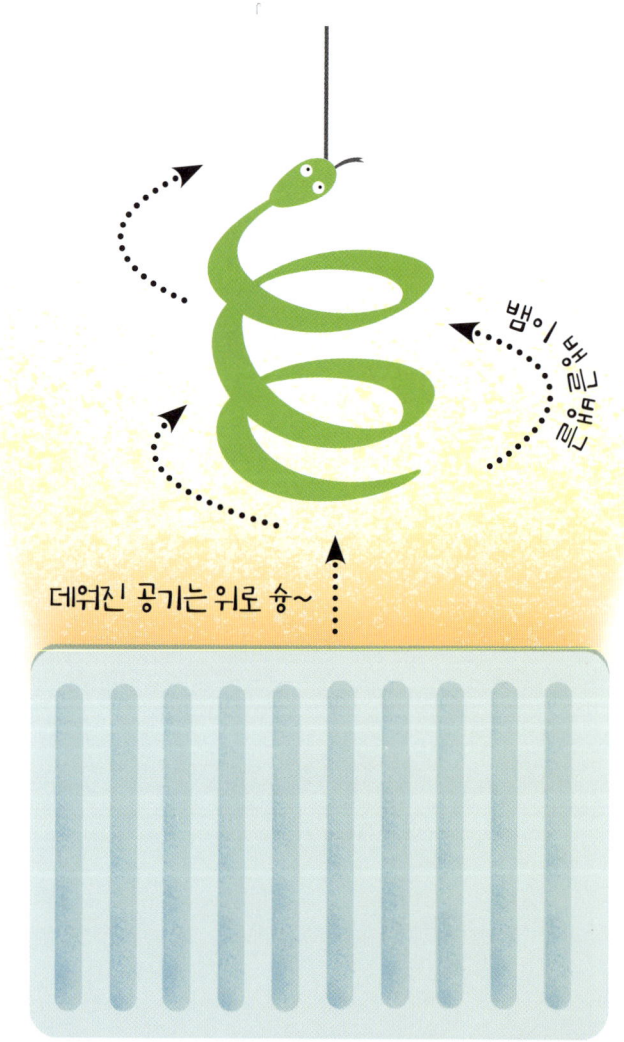

흡수하거나 반사하거나?

물체가 열을 흡수하면 물체의 온도가 올라가요. 날씨가 화창한 날, 지금 보고 있는 페이지를 펼쳐서 햇빛이 잘 드는 곳에 한 시간 동안 놓아두어요. 그리고 한 시간 뒤에 책을 가지러 가면 분명 한쪽 페이지가 다른 한쪽 페이지보다 더 뜨거울 거예요.

검은색 부분이 흰색 부분보다 태양열을 더 잘 흡수해서 뜨거워요. 색이 밝아질수록 태양 빛을 잘 반사하기 때문에 하얀색은 덜 뜨거워지지요. 더운 나라에서 집 바깥벽을 흰색으로 칠하는 것도 이 때문이랍니다.

햇빛으로 멋진 그림을 그려 볼까요? 햇빛이 강한 여름날, 종이를 여러 가지 모양으로 오려 낸 뒤, 위의 검은 부분에 올려놓고 그다음 가능한 한 오랜 시간 동안 햇빛 아래 두어요. 나중에 살펴보면 햇빛을 받은 부분은 햇빛에 포함된 자외선에 반응해 하얗게 바래 있을 거예요. 하지만 모양 종이를 올려 둔 곳은 햇빛을 받지 않아 원래 색 그대로지요.

뇌는 착각의 천재

우리 뇌는 눈을 통해 끊임없이 들어오는 정보를 처리해요. 그러다 보니 가끔은 눈에 보이는 것을 추측하기도 하고, 그 과정에서 잘못된 판단을 내리기도 하지요. 간단한 방법으로 실제로는 없는 도형이 보이는 것처럼 뇌를 속일 수도 있어요. 이걸 **'착각적 윤곽'**이라고 부른답니다.

1 컴퍼스와 연필을 이용해 원을 그려요. 각 X점을 중심으로 원을 그리되, 옆에 있는 원과 같은 크기로 그려요.

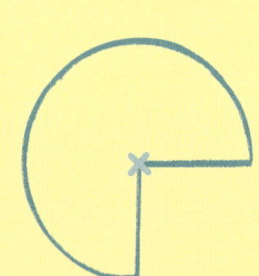

2 아래의 도움말에 맞추어 각 원의 한쪽 귀퉁이를 잘라 내요. 원호를 4분의 1만큼 지우고, 지워진 양 끝을 각각 원의 중심과 이어 주면 된답니다.

3 한 귀퉁이가 잘려 나간 4개의 원을 모두 같은 색으로 칠해요. 4개의 원 위에 놓인 사각형이 보이나요? 물론 그 사각형은 실제로는 존재하지 않는답니다!

왜일까요? 우리 뇌는 눈으로 보고 있는 장면을 가장 간단하게 설명하기 위해 4개의 원 위에 놓인 사각형을 만들어 낸 거랍니다.

도움말 :

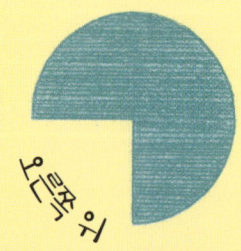
오른쪽 위

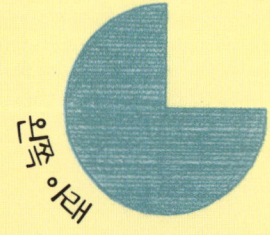
왼쪽 아래

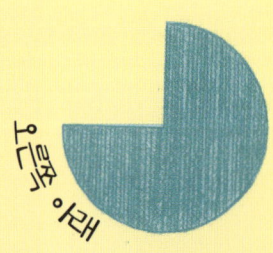
오른쪽 아래

아래 그림은 다양한 도형과 색을 이용해 '착각적 윤곽'을 만들어 낸 거예요. 이제 나만의 아이디어로 착각적 윤곽을 만들어 볼까요?

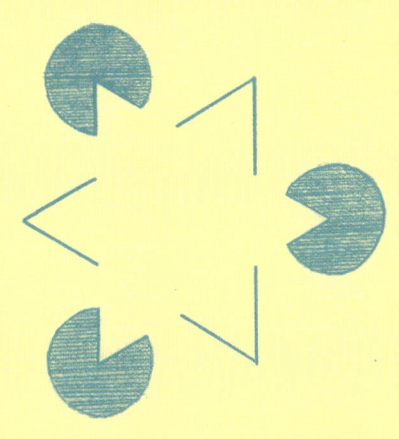

보이는 대로 믿어요!

우리 뇌는 보고 있는 물체의 크기를 비교적 정확하게 알아내요. 하지만 의외의 간단한 방법으로 착시를 일으키면 잘못된 판단을 내릴 수도 있답니다.

원의 수수께끼

빈 원들을 모두 같은 색으로 칠해요. 단, 한가운데 있는 노란색과 다른 색으로 칠해야 해요.

한가운데 있는 2개의 노란 원 가운데 어느 쪽의 원이 더 클까요?

사실 2개의 원은 크기가 같아요. 하지만 우리 뇌는 작은 원에 둘러싸인 왼쪽의 노란 원이 더 크다고 착각한답니다. 주변의 사물 크기에 영향을 받기 때문이지요.

어느 선이 더 길까요?

1 위쪽에 있는 선 양 끝에는 안을 향하는 꺾쇠를 검은색으로 그려 넣어요.

2 아래쪽에 있는 선 양 끝에는 밖을 향하는 꺾쇠를 검은색으로 그려 넣어요.

아래쪽에 있는 선이 더 길어 보이지 않나요? 하지만 자로 재어 보면 2개의 선 길이가 같다는 사실을 알 수 있어요.

길이 퍼즐

1 노란색 평행사변형에서 왼쪽 위 꼭짓점과 오른쪽 아래 꼭짓점을 잇는 파란 직선을 그어요.

2 색이 없는 평행사변형에서 오른쪽 위 꼭짓점과 왼쪽 아래 꼭짓점을 잇는 빨간 직선을 그어요.

자, 파란 선과 빨간 선 가운데 어느 쪽이 더 길까요? 파란 선이 더 길다고요? 그런데 두 선의 길이는 똑같답니다!

밝거나 어둡거나

우리는 뇌가 무언가를 보고 있을 때 주변 사물의 크기에 깜빡 속아 넘어간다는 사실을 앞에서 확인했어요. 이번에는 주변 사물의 색깔 역시 뇌에 착각을 일으킨다는 것을 확인해 볼까요?

색의 혼동

1 점선으로 그려져 있는 빈 네모 6개를 밝은 주황색 사인펜으로 꼼꼼하게 색칠해요.

2 완성된 그림을 보아요. 왼쪽의 주황색 네모들이 오른쪽의 주황색 네모들보다 더 밝아 보일 거예요. 분명히 똑같은 색으로 칠했는데도 말이에요!

우리 뇌는 주황색 네모를 볼 때 아래위에 있는 주변의 밝기에 영향을 받아 판단한답니다.

붉은 사각형

끝이 뾰족한 빨간색 펜으로 아래의 2개의 사각형 그림 안에 있는
작은 하얀 사각형들을 꼼꼼하게 칠해요.

정답은 78쪽에 있어요.

이제 어떻게 보이나요? 분명 두 사각형 안의 빨간색은 같은 색이에요. 하지만 아래쪽 사각형의 빨간색들이
주변 색 때문에 더 어둡게 보여요. 어때요, **놀랍죠!**

바라보기

우리는 어떻게 사물을 볼까요?

물체에서 반사된 빛은 우리 눈을 보호하는 투명한 각막과 눈알의 한가운데에 있는 빈 공간인 눈동자, 볼록한 수정체를 차례로 지나 눈 가장 안쪽의 망막에 상을 맺어요. 그러면 망막에 있는 시각 세포가 빛에 반응해 시각 신경에 신호를 보내고, 시각 신경은 그 신호를 뇌에 전달하지요.

우리가 눈으로 물체의 형상을 보면 수정체를 통과하면서 거꾸로 뒤집힌 채 망막에 맺혀요. 우리 뇌는 거꾸로 된 물체의 형상을 바로 세워 인식한답니다.

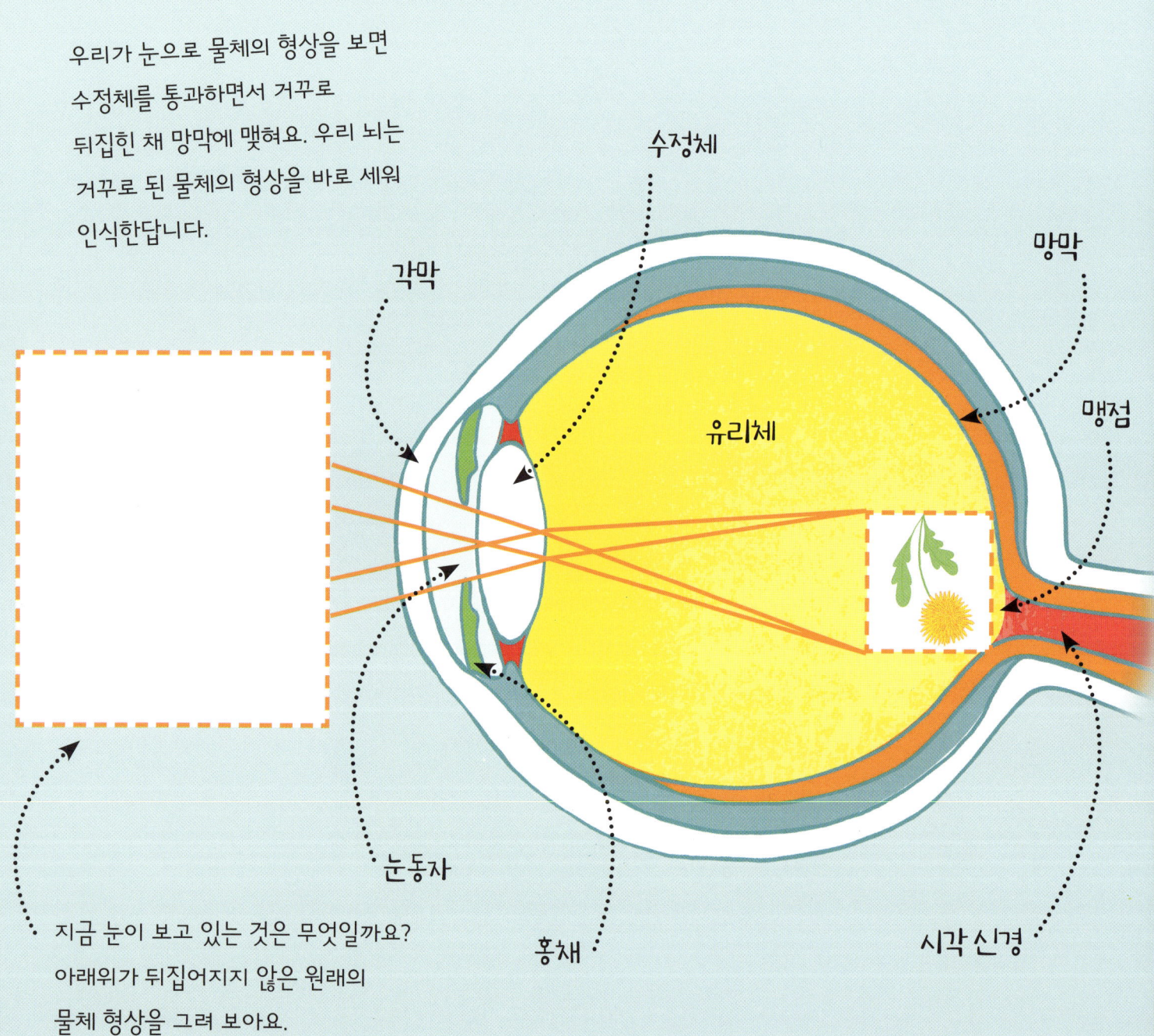

지금 눈이 보고 있는 것은 무엇일까요? 아래위가 뒤집어지지 않은 원래의 물체 형상을 그려 보아요.

사라지는 토끼

✗   •

1 연필로 ●의 오른쪽에 1.5cm를 넘지 않는 작은 토끼를 그려요.

2 책을 양손에 들고 팔을 앞으로 쭉 뻗은 뒤, 왼쪽 눈을 감고 오른쪽 눈의 초점을 X에 맞추어요.

3 초점을 계속 맞춘 채 책을 얼굴 쪽으로 천천히 당겨요. 어느 순간 토끼가 사라질 거예요!

토끼의 형상이 망막의 '맹점'에 맺혀서 일어나는 현상이에요. 맹점은 망막이 시각 신경 다발과 만나는 부분이라 빛에 반응하는 시각 세포가 없어요. 즉, 맹점에 맺힌 물건의 형상을 뇌에 전달되지 못하기 때문에 우리가 볼 수 없는 거랍니다.

커져라, 눈동자!

주변이 어둑해지거나 캄캄해지면 눈동자는 가능한 많은 빛을 받아들이기 위해 커져요. 눈동자 주위에 있는 근육 조직인 '홍채'가 늘어나고 줄어들면서 눈동자 크기를 조절하지요. 홍채는 눈동자에서 색을 띤 부분이랍니다.

잔상

잔상은 어떤 사물을 보았을 때, 그 사물이 사라진 뒤에도 계속 보이는 현상이에요. 여기서는 아예 보지도 않았던 색을 보게 되는 놀라운 '잔상 착시'를 만들어 볼 거예요!

내 눈 속 사과

1 사과는 연한 파란색으로, 잎은 연분홍색으로 칠해요.

2 눈을 그림에 고정한 채 45초 동안 집중해서 바라보아요.

3 눈을 재빨리 돌려 깨끗한 흰 종이를 보아요. 뭐가 보이나요?

초록 잎이 달린 붉은 사과가 보일 거예요!

왜 그럴까요?

우리 눈 안쪽의 망막에는 시각 세포가 있어요. 시각 세포는 빛을 받아들여 망막에 맺힌 색을 구별하는 일을 하지요. 그런데 한 가지 색을 오랫동안 계속 바라보면 시각 세포들이 지쳐요. 그럼 옆에 있는 다른 시각 세포가 반대되는 색의 신호를 뇌로 보낸답니다.

색을 바꿔요

사인펜을 이용해 아래의 영국 국기를 색칠해요.

삼각형 8개는 밝은 노란색으로 칠해요.

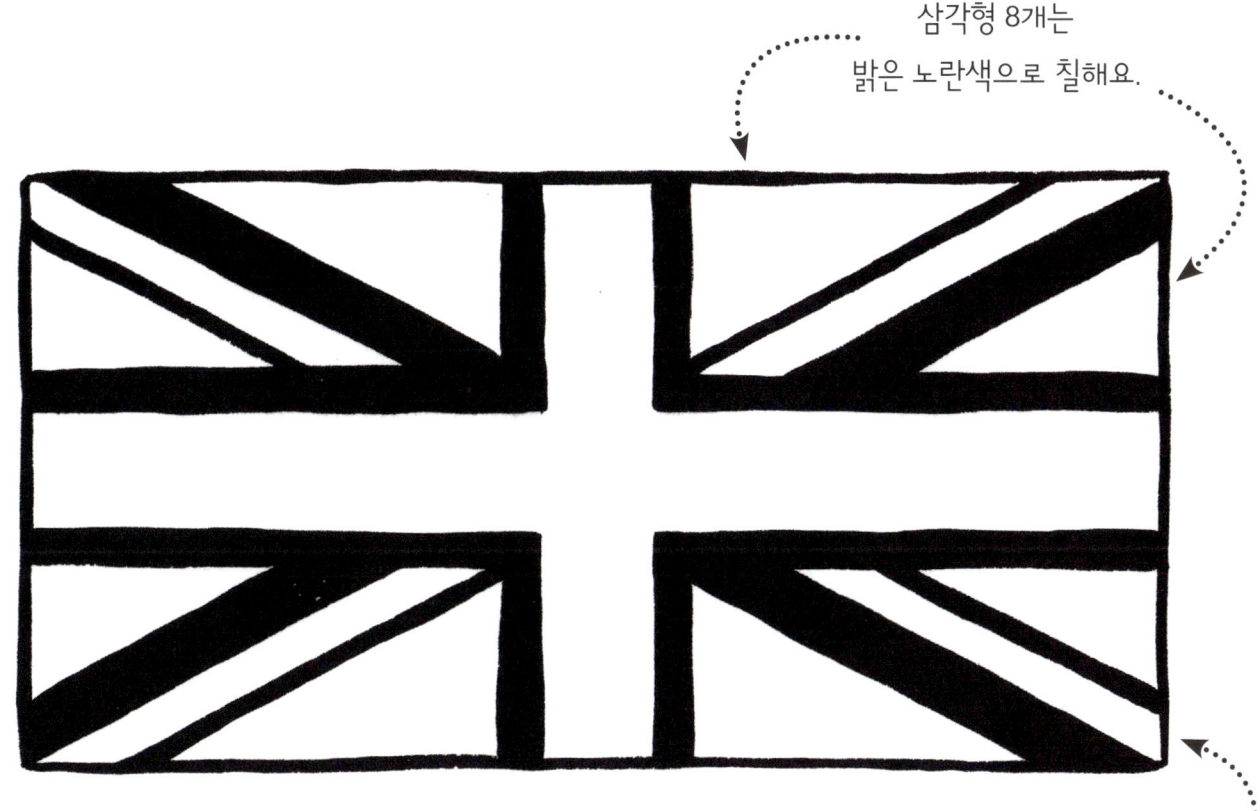

남은 부분은 연한 파란색으로 칠해요.

그림을 45초 동안 집중해서 바라본 뒤,
곧바로 깨끗한 흰 종이를 보아요.

빨간색, 흰색, 파란색으로 이루어진 원래의 영국 국기가 보일 거예요.

왜 노랗게 칠한 부분이 파랗게, 그리고 파랗게 칠한 부분이 빨갛게 보일까요?

원래의 색과 그 잔상으로 나타난 색, 이 두 색은 보색이에요. 보색은 색을 둥그렇게 배열한 색상환에서 서로 마주 보는 색이지요. 처음 본 색과 보색을 이루는 색이 잔상으로 나타난답니다.

나만의 잔상 그림을 그릴 때 색상환을 이용하면 편리해요.

벤함의 팽이

신기한 팽이를 이용해 흑백 그림에 색을 입혀 볼까요. 이 팽이는 약 100년 전, 이런 무늬의 팽이를 처음 만들어 팔기 시작한 영국의 장난감 제조업자인 찰스 벤함의 이름을 따서 '벤함의 팽이(벤함의 탑)'라고 불린답니다.

 두꺼운 흰 종이에 오른쪽 모양을 옮겨 그려요. 이 책 뒤에 있는 그림(81, 83쪽)을 사용해도 좋아요. 옮겨 그릴 때 컴퍼스를 이용하면 원을 더 잘 그릴 수 있어요.

 원을 각각 오려 낸 뒤, 어른의 도움을 받아 원 중심에 구멍을 뚫어요.

 짧고 뭉툭한 몽당연필을 구멍에 끼워 팽이를 만들어요.

 팽이를 돌리고 윗면의 그림을 가까이에서 관찰해요. 팽이가 돌아가는 동안 옅은 파란색, 갈색, 노란색 등의 색이 보일 거예요.

각각의 원반에서 서로 다른 색을 찾아보아요.

'벤함의 팽이'는 검은색과 단순한 검은 무늬뿐인 팽이가 회전하면서 없던 색이 나타나요. 무늬가 다르면 또 다른 색이 나타나고, 같은 팽이라 해도 보는 사람에 따라 색이 다르게 보이지요. 과학자들도 왜 이런 현상이 일어나는지 아직 밝혀내지 못했어요. 어떤 과학자들은 우리 눈에서 색을 감지하는 세 종류의 시각 세포 때문일 거라고 생각해요. 팽이가 돌아가는 동안 각각의 시각 세포들이 조금씩 다른 속도로 일을 하기 때문에 색이 보인다는 거지요.

회전 그림판

회전 그림판은 19세기 영국에서 매우 인기를 끌었던 장난감이에요. 고대 그리스 어로 '소마트로프', '놀라운 뒤집개'라는 뜻이지요. 동그란 그림판 양면에 그려진 그림을 빠른 속도로 연속해서 뒤집으면, 앞면과 뒷면의 그림이 하나로 합쳐져 보이거든요. 마치 마법처럼요!

1 두꺼운 종이 양면에 오른쪽에 있는 2개의 그림을 그린 뒤, 색칠해요. 이 책 뒤에 있는 그림판(83쪽)을 오려서 사용해도 좋아요. 반드시 양면에 그림의 아래위가 달라야 해요!

2 어른의 도움을 받아 양쪽 노란 점에 구멍을 뚫고, 각 구멍에 긴 고무줄이나 끈을 끼워 고정해요.

3 고무줄을 양쪽으로 잡아당겨 그림판을 빠르게 빙빙 회전시키면 앞뒤 그림이 연속적으로 보여져 하나의 이미지로 보여요!

오른쪽 그림판을 복사한 뒤 빳빳한 종이에 오려 붙여도 좋아요.

왜 그럴까요?

눈 안쪽 망막에 맺힌 물체의 상은 아주 짧은 시간 동안 남아 있어요. 이것을 '잔상'이라고 하지요. 회전 그림판을 아주 빠르게 돌리면 망막에 2개의 잔상이 동시에 남기 때문에 결국 하나의 그림으로 합쳐져 보이는 것이랍니다.

나만의 회전 그림판 만들기!

회전 그림판으로 어항에 물고기를 넣거나 거미줄에 거미를 놓아 보아요. 얼굴에 안경을 씌우거나 수염을 붙일 수도 있답니다. 재미있는 아이디어로 나만의 회전 그림판을 만들어 보아요. 그림 대신 글자를 이용할 수도 있어요. 회전 그림판 양면에 글자를 나눠 쓰고, 그림판을 빙글빙글 돌리면 글자 전체가 나타날 거예요!

앞면

뒷면

나는야 영화감독!

우리는 회전 그림판을 통해 뇌가 잔상 때문에 2개의 그림을 하나로 합쳐서 볼 수 있다는 것을 알았어요. 영화나 애니메이션도 바로 이와 같은 원리로 만들어진답니다. 영화 필름은 여러 장으로 나누어 찍은 연속 동작을 죽 이어 붙인 거예요. 이 영화 필름을 빨리 돌리면, 우리 눈과 뇌는 각각의 장면들을 움직이는 것처럼 인식하지요.

애니메이션 책을 만들어 볼까요? 여러 장의 그림을 휙 넘기면 나만의 애니메이션을 볼 수 있답니다.

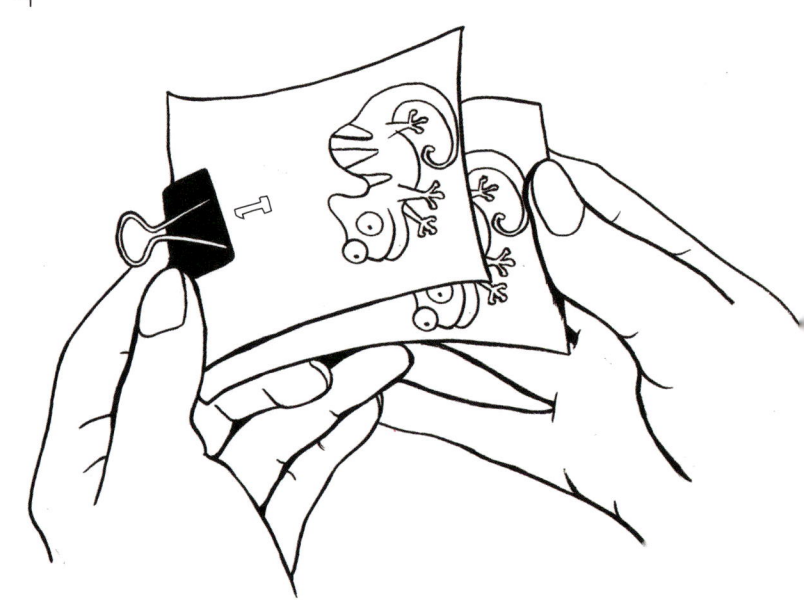

1 오른쪽에 있는 카멜레온 그림들을 흰 종이에 옮겨 그려요. 이 책 뒤에 있는 그림(85쪽)을 사용해도 좋아요. 선대로 그림을 하나씩 오려 내요.

2 1번 그림이 가장 위에, 20번 그림이 가장 아래에 오도록 번호 순서대로 그림을 정리해요. 그림의 네 귀퉁이를 가지런히 맞춘 다음, 위쪽을 서류 집게로 집어 한데 묶어요.

한 손으로 집게 부분을 잡고, 다른 한 손의 엄지손가락으로 한 장씩 빠르게 휙 넘겨요. 그림이 생생하게 움직일 거예요!

이제 나만의 애니메이션 책을 만들어 볼까요?
①먼저 각각 가로세로 10cm 크기의 종이를 20~30장 정도 준비해요. ②종이를 가지런히 한데 정리해 집게로 집어요. ③맨 위에 있는 종이부터 시작해 조금씩 움직임이 다르게 그림을 그려 나가요. 둥그런 머리에 몸통과 팔다리를 선으로 그린 간단한 그림부터 도전해 보아요.

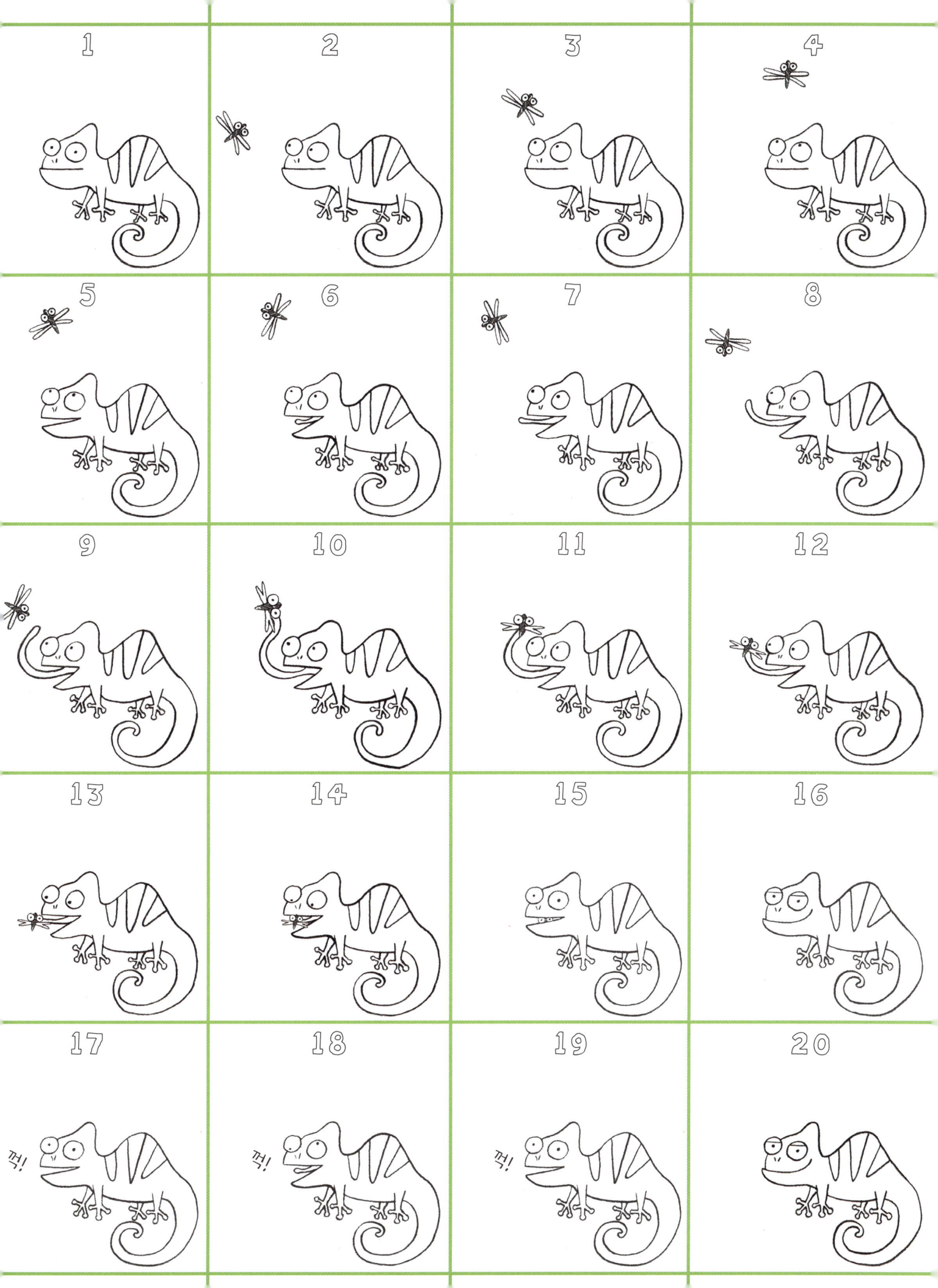

흥미진진한 착시

단순하고 반복적인 그림만으로도 움직이는 듯한 착시를 일으킬 수 있어요. 추상적 무늬와 색상을 반복해 놓아 실제로 화면이 움직이는 듯 착각을 일으키는 미술을 '옵아트'라고 하지요.

완벽한 착시 그림은 78쪽에 있어요.

움직이는 원

1 심이 가는 검정 펜이나 뾰족한 연필로 원 안의 회색 사각형을 모두 칠해요.

2 그림을 정면으로 보며 눈동자를 오른쪽 왼쪽으로 살짝 움직여 봐요. 그럼 원은 조금씩 맴도는 반면, 사각 안의 바탕은 좌우로 움직이는 것처럼 보일 거예요.

눈과 시각 • 35

뱅글뱅글 고리

완벽한 착시 그림은 79쪽에 있어요.

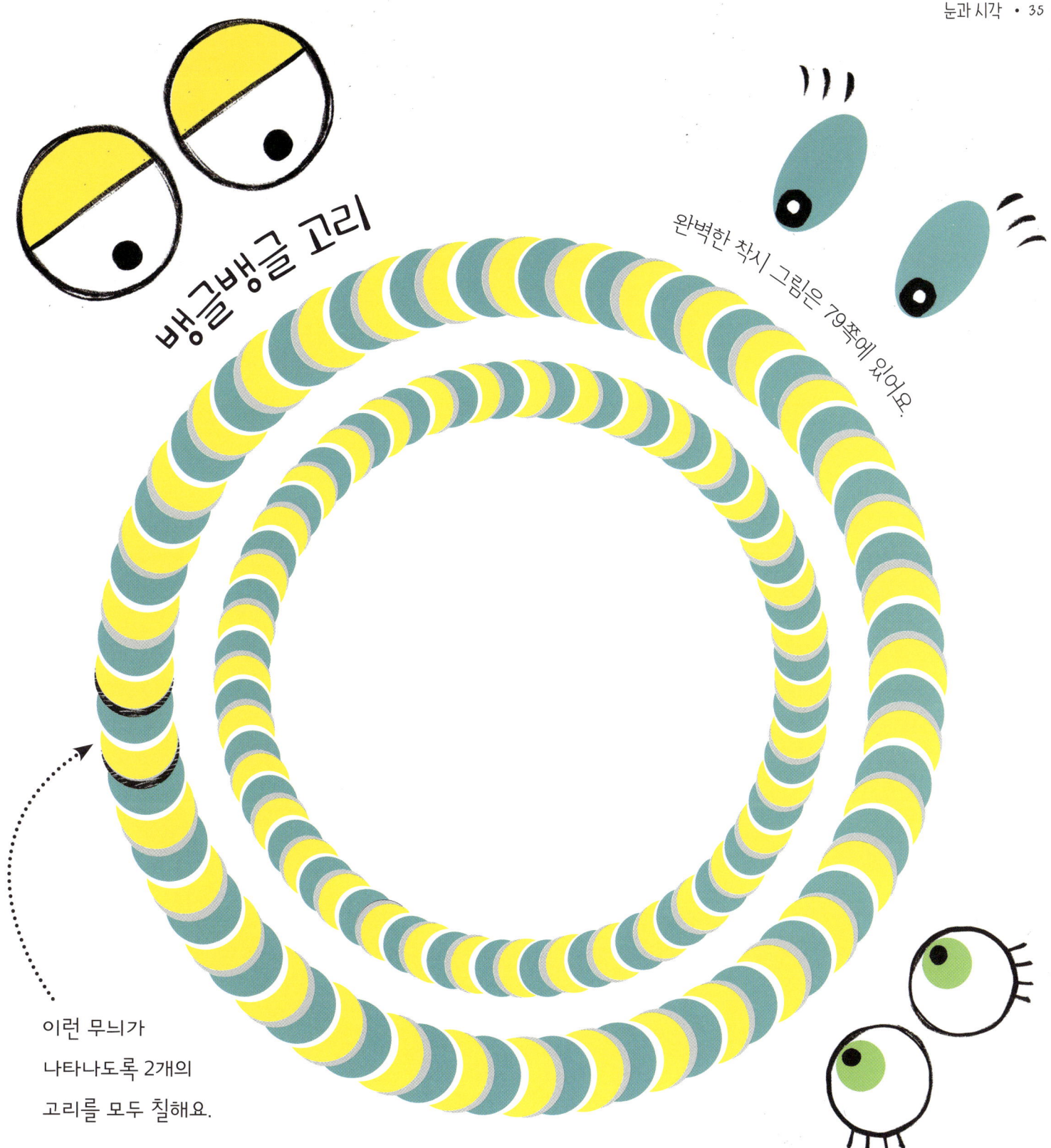

이런 무늬가 나타나도록 2개의 고리를 모두 칠해요.

1 심이 가는 검정 펜이나 뾰족한 연필로 두 고리의 회색 부분을 모두 칠해요.

2 색을 다 칠하고 나면, 그림을 가만히 바라보며 눈동자를 살살 굴려 보아요. 아마 2개의 고리가 뱅글뱅글 도는 것처럼 보일 거예요.

과학자들은 눈앞의 풍경을 볼 때 눈동자가 조금씩 왔다 갔다 움직이기 때문에 이런 착시가 일어난다고 생각한답니다.

갈라지고 합쳐지고

빛은 에너지의 한 형태예요. 여러 색으로 이루어져 있는데, 빛을 이루는 색의 나열을 '스펙트럼'이라고 하지요. 빛은 앞으로 곧게 나아가고, 1초에 무려 30만km를 갈 만큼 무척 빠르답니다! 빛이 물체에 닿으면 일부는 반사되고 나머지는 흡수돼요. 반사되는 색깔의 빛이 바로 우리 눈에 보이는 물체의 색이랍니다!

이 빛들은 모두 레몬에 흡수돼요.

하지만 노란빛은 레몬에 반사되기 때문에, 우리 눈에 레몬이 노랗게 보이게 되지요.

태양 빛은 스펙트럼의 여러 가지 빛이 합쳐져서 하얗게 보이는 거예요. 하지만 빛이 공기 중의 물방울을 통과하면 구부러지면서 예쁜 무지개 빛으로 나뉘어요.

무지개를 다음 순서대로 칠해 봐요. 빨강, 주황, 노랑, 초록, 파랑, 군청(진한 파랑), 보라.

알록달록 색팽이를 만들어요

우리는 하얀빛이 어떻게 여러 색으로 갈라지는지 알게 되었어요. 그런데 아래에 있는 알록달록 색팽이를 이용하면 여러 빛깔을 합쳐 다시 하얀 빛을 만들어 낼 수 있답니다!

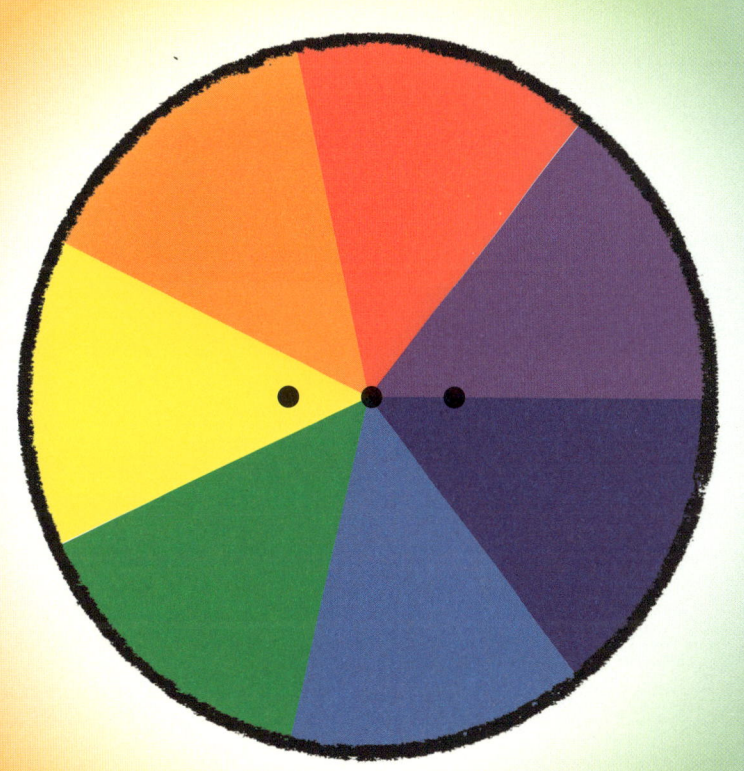

1 옆의 원반을 두꺼운 종이에 옮겨 그린 뒤 무지개 색을 순서대로 칠해요. 이 책 뒤에 있는 그림(87쪽)을 사용해도 좋아요.

2 원반을 오린 다음 어른의 도움을 받아 가운데에 구멍을 뚫고 몽당연필을 끼워 색팽이를 만들어요. 또는 그림에 찍힌 점 가운데 중앙의 점 양옆에 있는 점 2개에 구멍을 뚫고 고무줄이나 끈을 끼워요.

3 색팽이를 빠르게 돌려 보아요. 그럼 색들이 모두 한데 섞이며 순식간에 원반이 하얗게 보일 거예요!

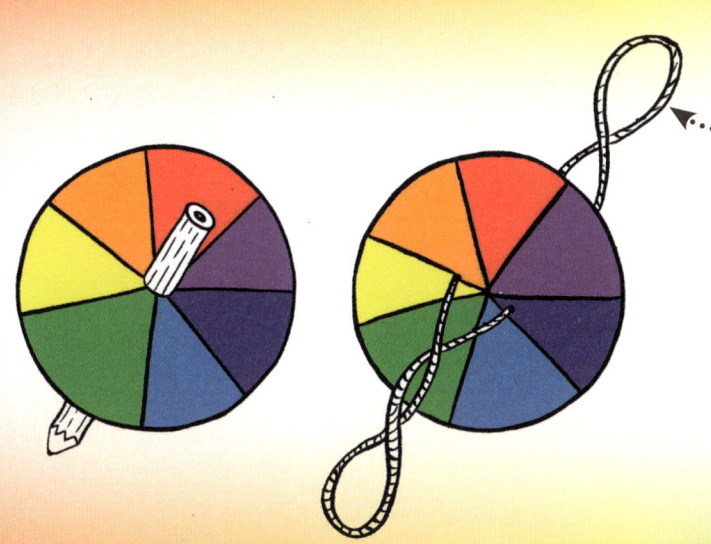

고무줄 양 끝에 검지를 각각 걸고, 원반을 빙빙 돌려 고무줄을 꼬아요. 그런 다음 고무줄의 양 끝을 힘껏 당기면 원반이 돌아갈 거예요!

거꾸로 생각하기

거울은 빛의 반사를 이용해 물체의 모양을 비추어요. 광이 나는 금속이나 커다란 숟가락 뒷면 같은 물체도 거울처럼 빛을 반사하지요.

웃긴 얼굴 만들기

1 큰 숟가락이나 국자 같은 볼록한 금속 물체를 준비한 다음, 볼록한 면을 얼굴 가까이 갖다 대요.

2 내 얼굴이 어떻게 비치나요? 숟가락이나 국자에 비친 내 얼굴을 옆에 그려 보아요.

숟가락이나 국자 뒷면은 볼록하게 튀어나와 있어서 얼굴이 왜곡된 모습으로 비쳐요. 대부분의 거울은 평면이라서 거의 왜곡 없이 빛을 반사한답니다.

거울에 비친 세상

거울을 마주하면 빛에 반사된 우리가 사는 실제 세계를 볼 수 있어요. 다만 왼쪽과 오른쪽이 거꾸로 보이지요.

거울을 이용해 반쪽뿐인 얼굴을 완성해 보아요.

1 거울을 점선 위에 수직으로 세워 얼굴 그림을 비춰요. 왼손잡이는 책을 거꾸로 돌려 머리가 아래쪽으로 오게 하면 편하답니다.

2 거울에 비친 얼굴 그림을 오른쪽 빈 공간에 그대로 그려요.

도전! 거울 놀이

거울 보며 별 그리기에 도전해 볼까요? 눈과 손, 뇌가 서로 잘 협동해야 한답니다.

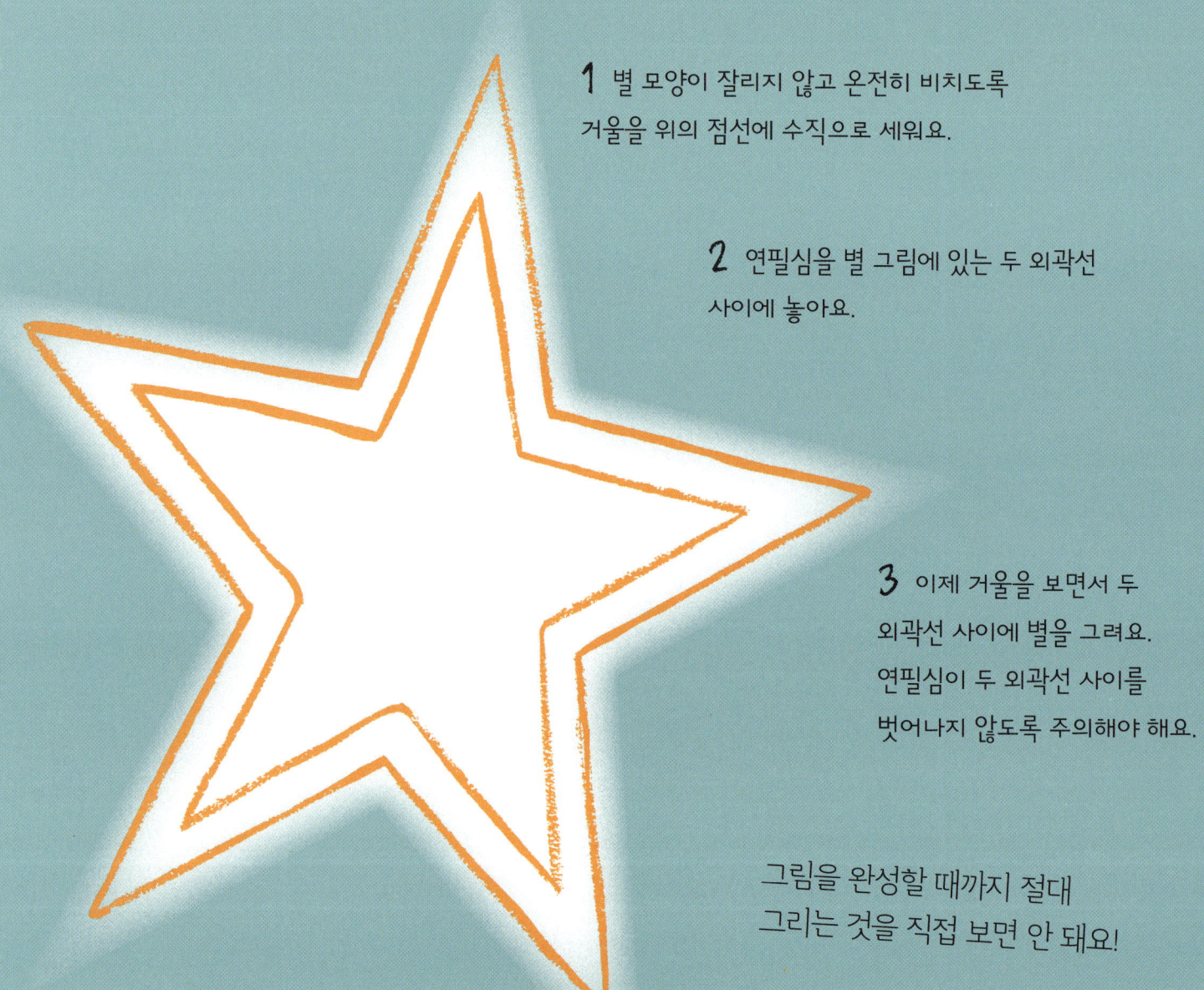

1 별 모양이 잘리지 않고 온전히 비치도록 거울을 위의 점선에 수직으로 세워요.

2 연필심을 별 그림에 있는 두 외곽선 사이에 놓아요.

3 이제 거울을 보면서 두 외곽선 사이에 별을 그려요. 연필심이 두 외곽선 사이를 벗어나지 않도록 주의해야 해요.

그림을 완성할 때까지 절대 그리는 것을 직접 보면 안 돼요!

잘 그렸나요?

대부분 그리는 도중 실수를 하게 될 거예요. 특히 선이 꺾이는 부분을 그릴 때 말이죠. 왜냐하면 우리 뇌가 평소와 다른 정보를 받아들이고 있기 때문이에요. 거울은 사물의 모습을 반대로 비추기 때문에, 별의 위는 거울 속에서 아래가 되고 왼쪽은 오른쪽이 되어 버려요. 그래서 처음에는 따라 그리기 어렵지만, 곧 뇌가 여기에 적응해서 점점 그리기 쉬워진답니다.

각도를 맞춰라!

거울의 각도에 따라 빛이 반사되는 방향이 달라져요. 잠망경, 망원경 그리고 일부 카메라는 거울의 이러한 성질을 이용한 도구랍니다.

거울을 빛이 비치는 방향으로부터 45° 각도로 놓으면 빛을 직각(90°)으로 반사해요.

아래 미로에는 여러 개의 거울이 놓여 있어요. 이 거울들은 미로로 들어온 빛을 반사시켜 다른 방향으로 보내지요. 빨강, 연두, 파랑 3개의 손전등에서 나온 빛을 각각 거울에 올바른 각도로 반사시켜 같은 색의 과녁으로 보내 보아요.

이미 그어진 파란색 빛의 궤적을 이어 그려요.
빨강색과 연두색 빛도 궤적을 그려 완성해요.

주의! 거울에 비친 빛은 각각 직각(90°)으로 반사돼요.

정답은 79쪽에 있어요.

슬금슬금 곤충

지구상에는 바퀴벌레, 딱정벌레, 귀뚜라미, 파리, 개미, 벌 등 수백만 종이 넘는 곤충이 살아요.
다른 모든 생물의 종 수를 합친 것보다 곤충의 종이 더 많지요.
0.5mm도 안 되는 작은 총채벌이 있는가 하면, 날개 너비만 무려 18cm에 달하는
거대 잠자리도 있을 만큼 크기도 무척 다양하답니다.

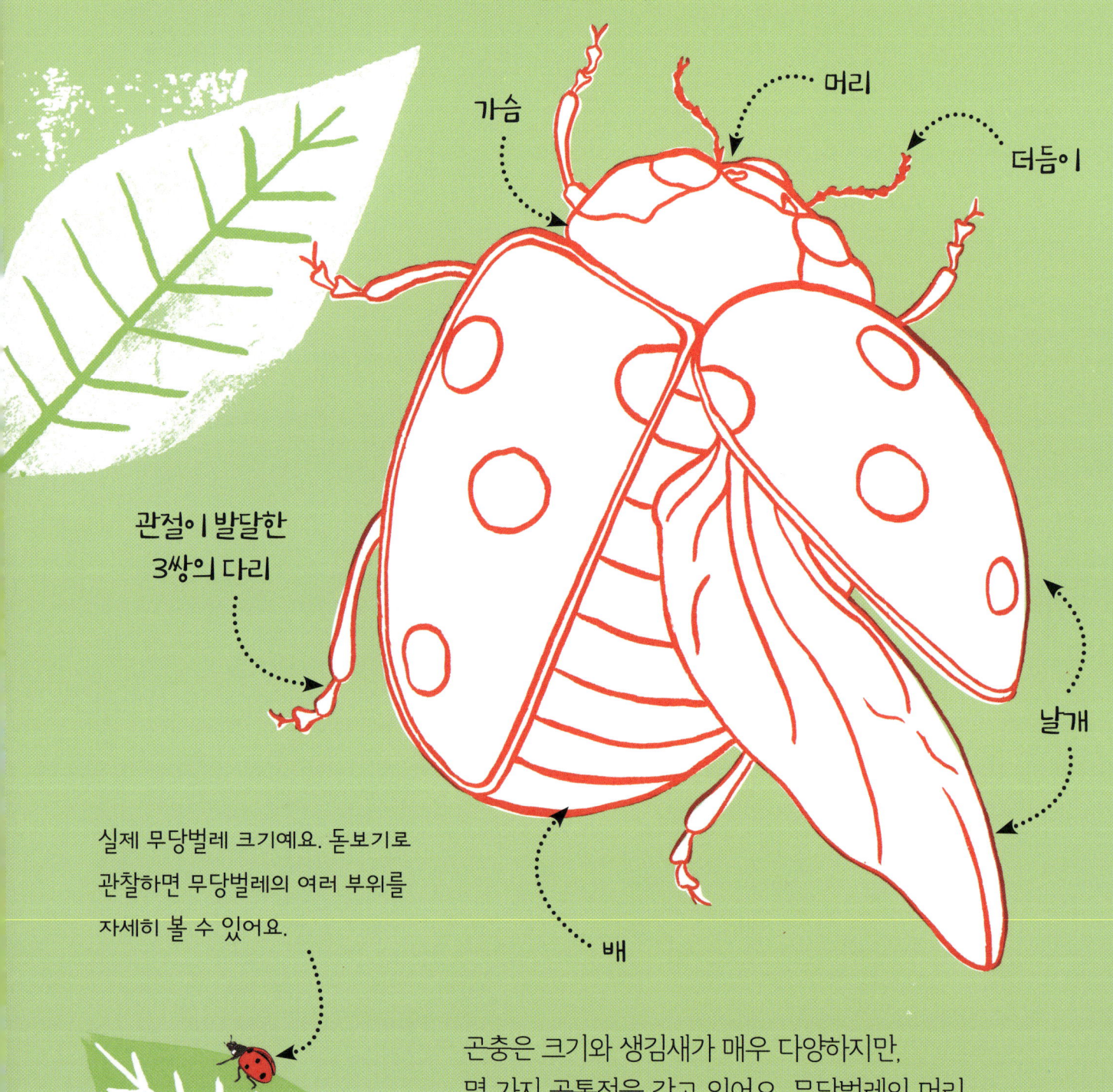

가슴 · 머리 · 더듬이 · 관절이 발달한 3쌍의 다리 · 날개 · 배

실제 무당벌레 크기예요. 돋보기로 관찰하면 무당벌레의 여러 부위를 자세히 볼 수 있어요.

곤충은 크기와 생김새가 매우 다양하지만,
몇 가지 공통점을 갖고 있어요. 무당벌레의 머리,
가슴, 배, 점박이 날개를 색칠해 보아요.

거미

거미는 곤충이 아니에요! 거미는 절지동물에 속하는 거미류라서 곤충과 달리 6개가 아닌 8개의 다리를 갖고 있고 날개가 없어요. 게다가 대부분의 거미는 눈이 8개랍니다! 또 배 뒤쪽에 거미줄을 만드는 특수한 기관이 있어요. 아래에 있는 멕시코붉은다리거미는 몸길이가 15cm 이상 자라나요. 보통 곤충을 잡아먹지만 때로는 작은 새나 도마뱀을 잡아먹기도 한답니다.

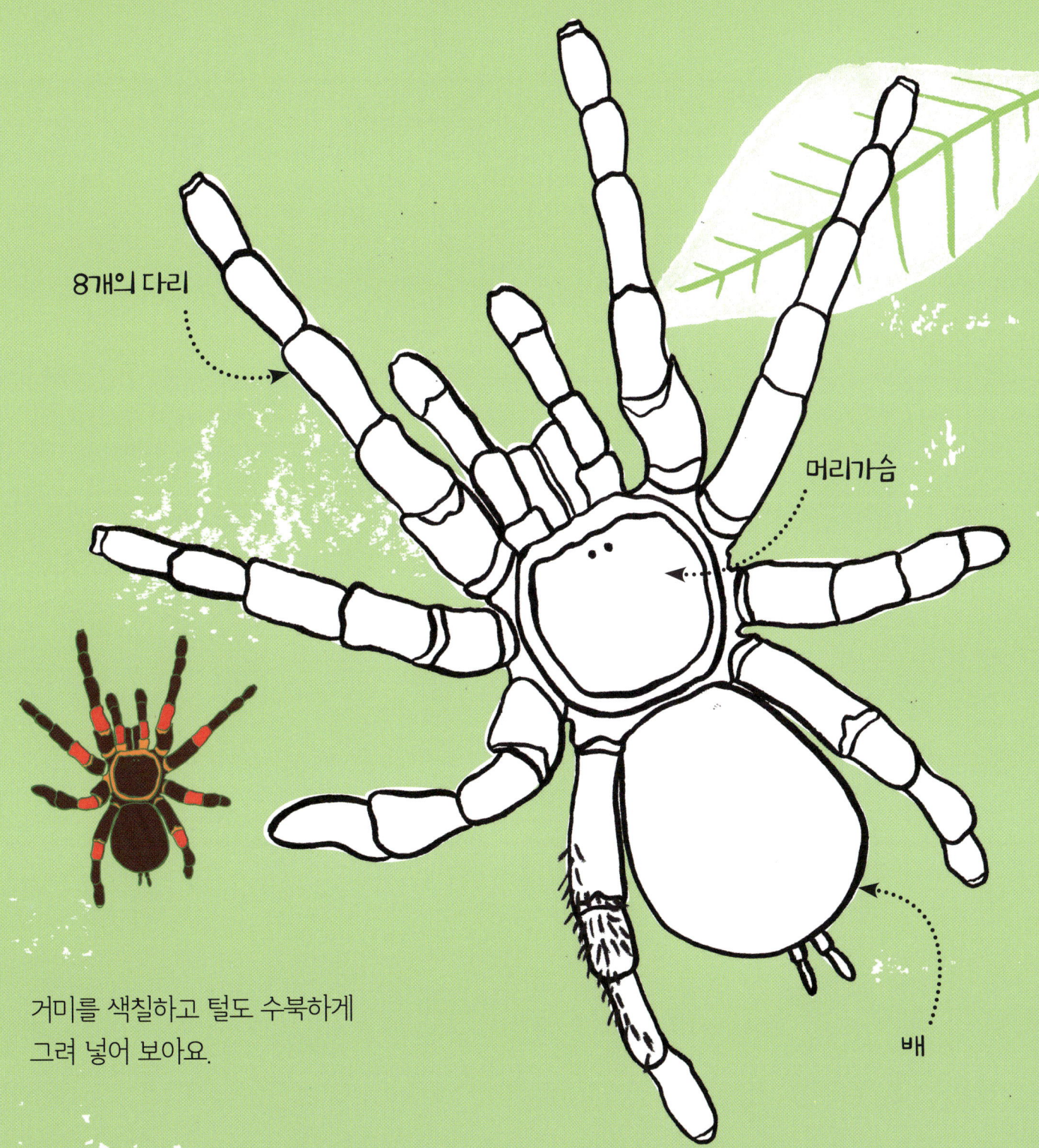

8개의 다리

머리가슴

배

거미를 색칠하고 털도 수북하게 그려 넣어 보아요.

달 관찰

달은 지구 주위를 뱅글뱅글 돌고 있어요. 달이 지구를 돌면서 지나는 길을 '공전 궤도'라고 하지요. 달도 지구처럼 태양 빛을 받는 부분은 빛을 반사해 밝게 빛나지만 나머지 부분은 어둠에 잠겨 있답니다.

달은 지구의 위성이라 끊임없이 지구 주위를 돌아요. 그래서 지구에서 보는 달의 모습은 계속 바뀌는데 이것을 '위상 변화'라고 하지요. 달은 각 위상마다 다른 이름을 갖고 있답니다.

달의 위상 변화 주기는 29.5일이에요. 이 그림은 지구에서 보이는 달의 모습을 나타낸 거랍니다.

지금까지 달에 발을 디딘 사람은 12명에 불과해요. 이들은 모두 1969년부터 1972년 사이에 아폴로 우주선을 타고 다녀왔지요. 미래의 달 착륙선은 어떤 모습일까요? 상상해서 여기에 그려 보아요. 국기도 꼭 그려 넣어요.

달의 위상 변화를 기록해요

달이 어떻게 보이는지 2~3일마다 한 번씩 한 달 동안 관찰하면서 그 모양을 아래에 기록해 보아요.

달이 보이지 않는 부분을 검은색 펜으로 색칠해요.

관찰한 날짜를 적어요.

달의 중력은 지구의 6분의 1밖에 안 돼요. 만약 지구에서 1m 높이까지 뛰어올랐다면, 달에서는 무려 6m 높이까지 뛰어오를 수 있답니다!

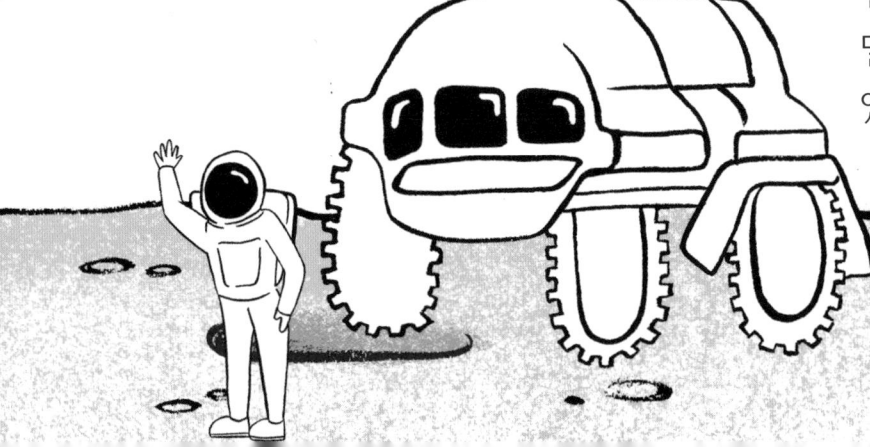
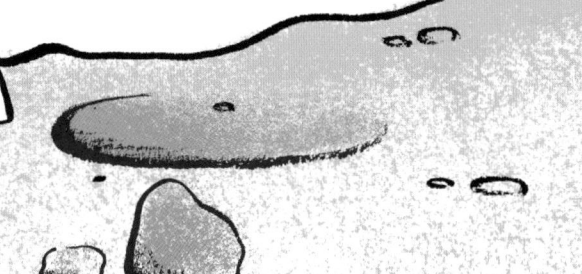

별자리

맑은 날, 도심을 벗어난 지역에서 밤하늘을 올려다보면 2000개가 넘는 별을 볼 수 있어요. 실제로 우주에는 이보다 수백만 배 많은 별이 있지요. 밤하늘에 보이는 별을 특정한 모양으로 이은 걸 '별자리'라고 해요. 별자리에는 동물, 물건, 신화나 전설 속 인물의 이름을 붙였지요.

아래의 별들을 이어 별자리를 완성해 보아요.

오리온자리

오리온자리는 그리스 신화에 나오는 사냥꾼 '오리온'의 이름을 땄어요. 옛 사람들은 오리온자리가 마치 검을 쳐들고 방패를 단단히 쥔 사람의 모습 같다고 생각했답니다.

별은 엄청난 빛과 열을 뿜으며 활활 타고 있는 거대한 가스 덩어리예요. 별이 내뿜는 빛은 1초에 30만km를 갈 정도로 빠르지요.

지구에서 가장 가까운 별은 태양이에요.
태양은 다른 별들에 비하면 매우 작은 편이지요.
오리온자리에 있는 '베텔기우스'는 크기가
무려 태양의 700배에 달하는 거인 별이에요.

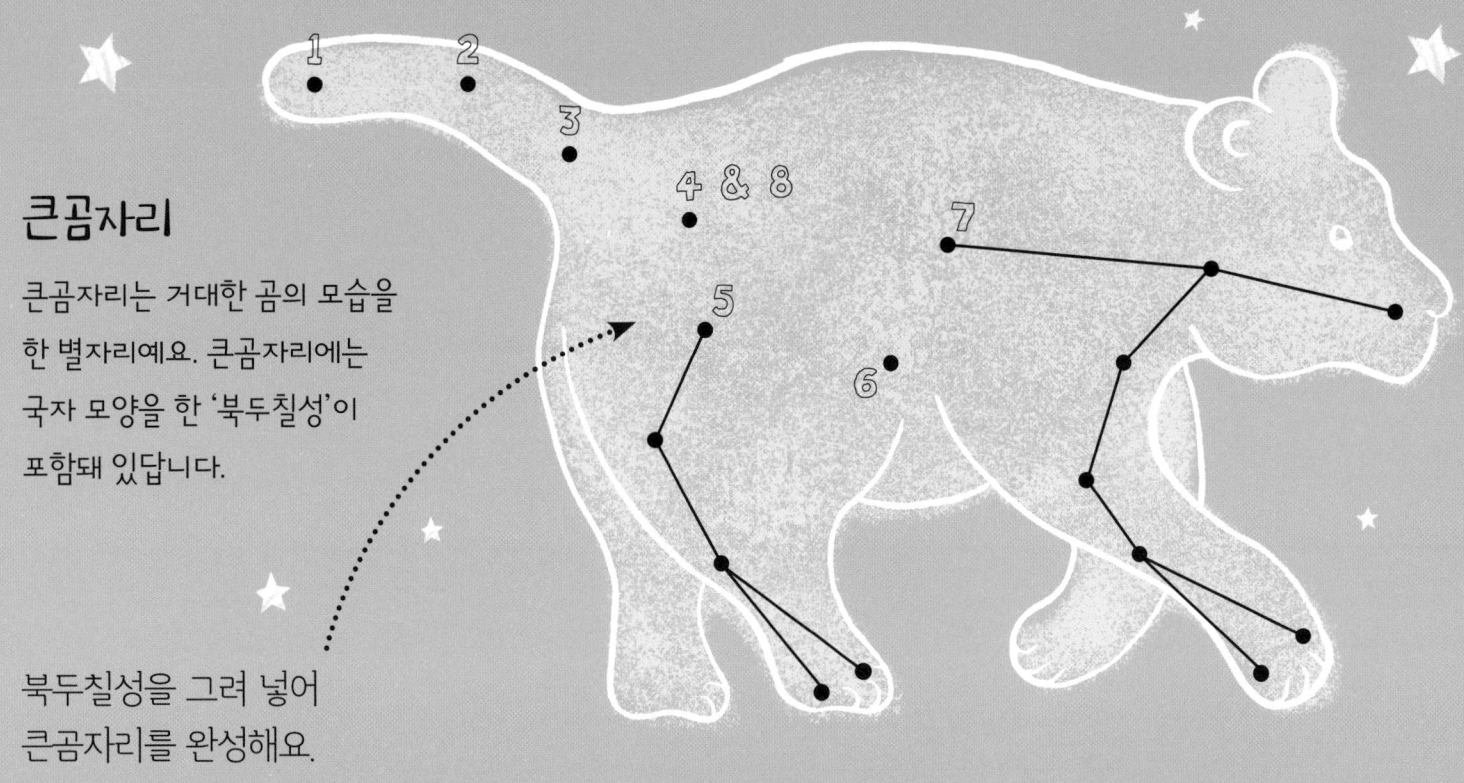

큰곰자리

큰곰자리는 거대한 곰의 모습을 한 별자리예요. 큰곰자리에는 국자 모양을 한 '북두칠성'이 포함돼 있답니다.

북두칠성을 그려 넣어 큰곰자리를 완성해요.

나만의 별자리 만들기

아래에 있는 별들을 이어 나만의 별자리를 만들어 보아요. 내가 만든 별자리는 무엇과 닮았나요? 이름을 붙여 보아요!

지구에서 태양 다음으로 가까운 별은 '알파 센타우리'예요. 우주선으로 이 별까지 가려면 시속 2만 8000km로 이동해도 약 16만 5000년이 걸린답니다.

뼈 모빌

뼈는 우리 몸을 지탱하는 가장 단단한 조직이에요.
이리저리 움직이는 뼈 모빌을 만들어 볼까요?

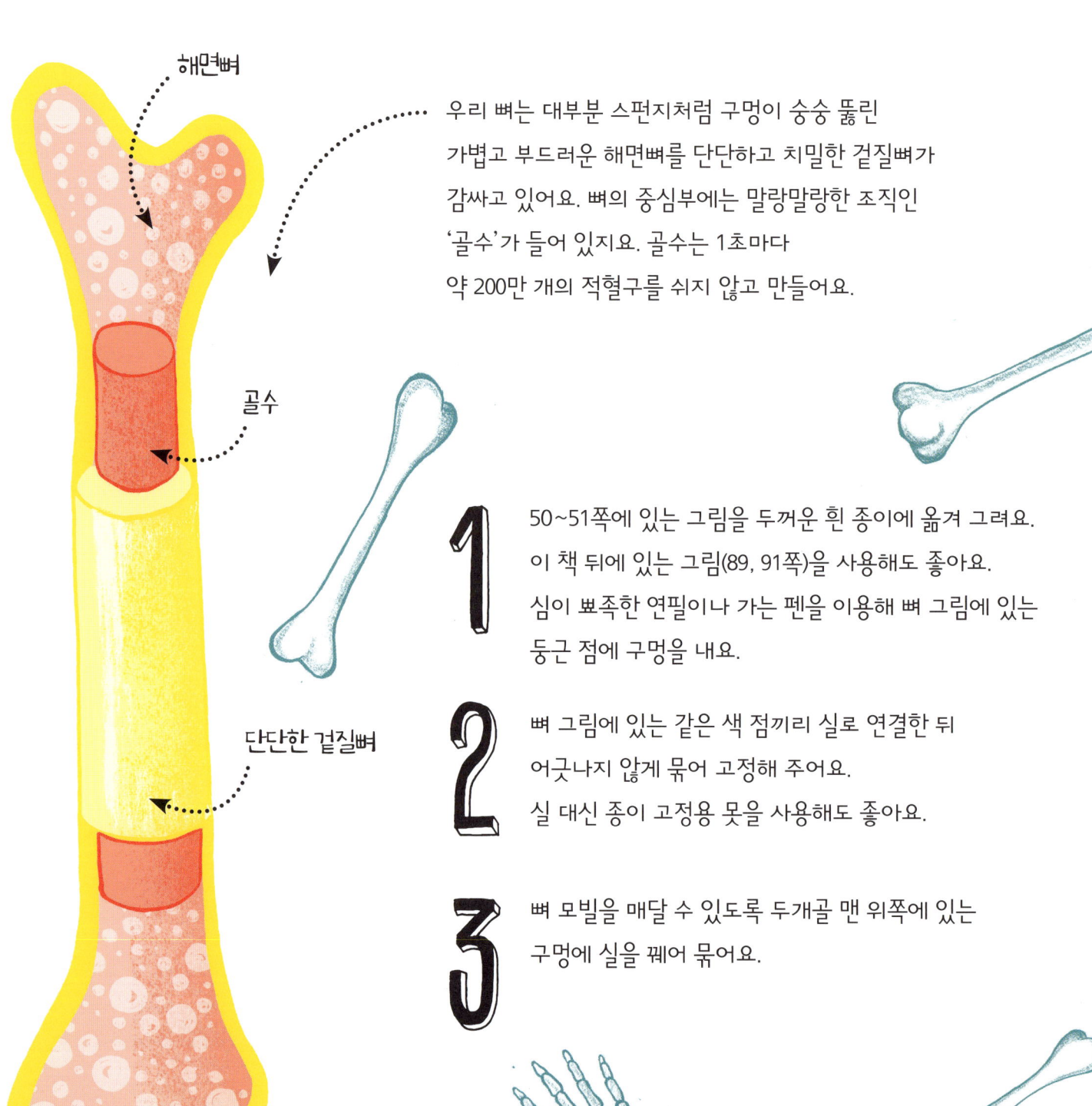

해면뼈

골수

단단한 겉질뼈

우리 뼈는 대부분 스펀지처럼 구멍이 숭숭 뚫린
가볍고 부드러운 해면뼈를 단단하고 치밀한 겉질뼈가
감싸고 있어요. 뼈의 중심부에는 말랑말랑한 조직인
'골수'가 들어 있지요. 골수는 1초마다
약 200만 개의 적혈구를 쉬지 않고 만들어요.

1 50~51쪽에 있는 그림을 두꺼운 흰 종이에 옮겨 그려요.
이 책 뒤에 있는 그림(89, 91쪽)을 사용해도 좋아요.
심이 뾰족한 연필이나 가는 펜을 이용해 뼈 그림에 있는
둥근 점에 구멍을 내요.

2 뼈 그림에 있는 같은 색 점끼리 실로 연결한 뒤
어긋나지 않게 묶어 고정해 주어요.
실 대신 종이 고정용 못을 사용해도 좋아요.

3 뼈 모빌을 매달 수 있도록 두개골 맨 위쪽에 있는
구멍에 실을 꿰어 묶어요.

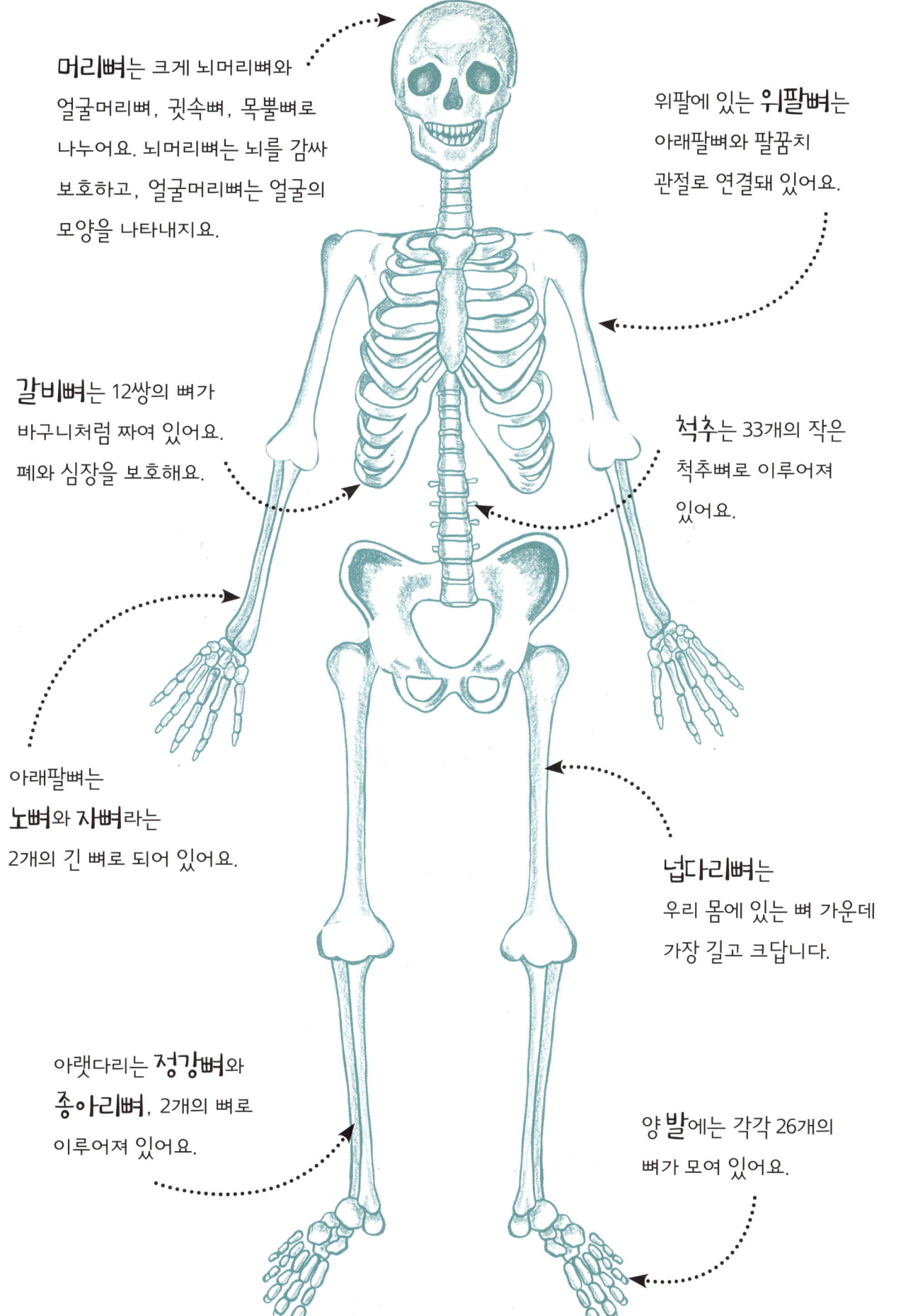

머리뼈는 크게 뇌머리뼈와 얼굴머리뼈, 귓속뼈, 목뿔뼈로 나누어요. 뇌머리뼈는 뇌를 감싸 보호하고, 얼굴머리뼈는 얼굴의 모양을 나타내지요.

위팔에 있는 **위팔뼈**는 아래팔뼈와 팔꿈치 관절로 연결돼 있어요.

갈비뼈는 12쌍의 뼈가 바구니처럼 짜여 있어요. 폐와 심장을 보호해요.

척추는 33개의 작은 척추뼈로 이루어져 있어요.

아래팔뼈는 **노뼈**와 **자뼈**라는 2개의 긴 뼈로 되어 있어요.

넙다리뼈는 우리 몸에 있는 뼈 가운데 가장 길고 크답니다.

아랫다리는 **정강뼈**와 **종아리뼈**, 2개의 뼈로 이루어져 있어요.

양 **발**에는 각각 26개의 뼈가 모여 있어요.

뼈 모빌

여기 있는 그림을 두꺼운 흰 종이에 옮겨 그리거나 복사해서 뼈 모빌을 만들어요.

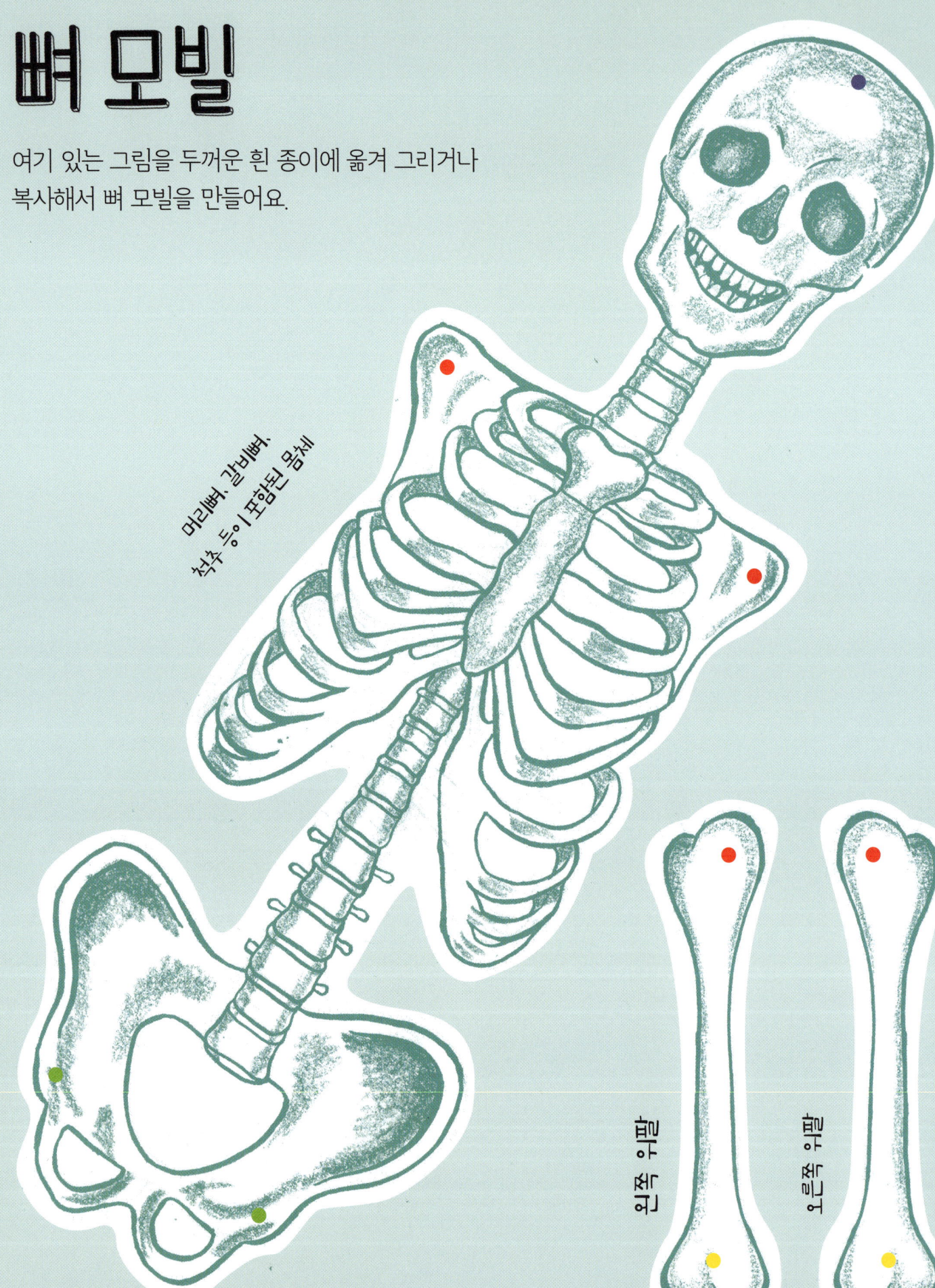

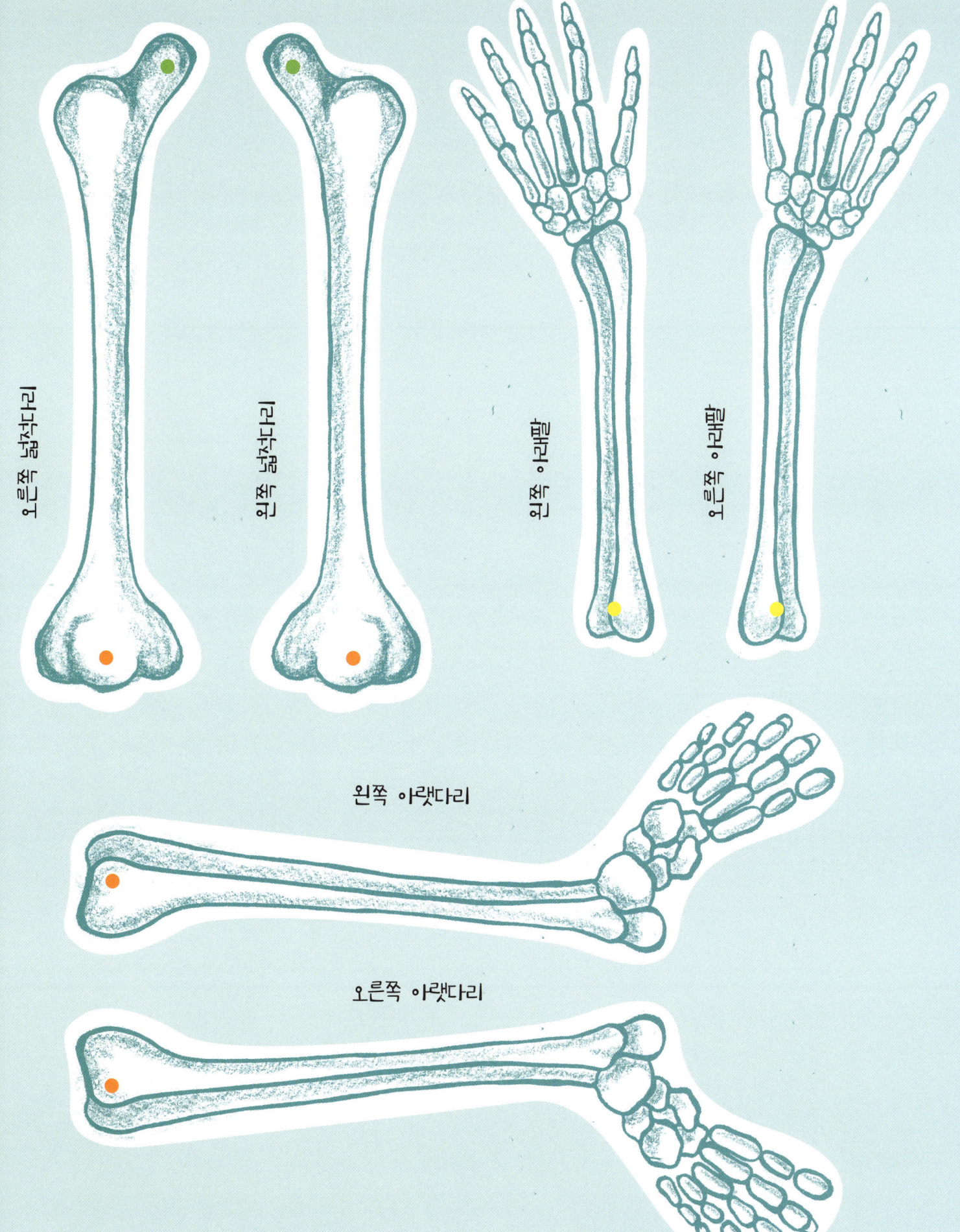

직선 아닌 직선

간단한 착시를 이용해 직선을 구부러지거나 기울어진 것처럼 보이게 할 수 있어요.

구부러진 선

자와 굵은 빨간색 펜을 이용하여 아래위의 빨간 점을 잇는 2개의 직선을 그려요.

분명 직선을 그렸는데 왜 구부러져 보일까요? 그건 여러분이 그린 직선이 '헤링 착시'를 일으키고 있기 때문이에요. 이 현상을 처음 발견한 독일의 과학자 에발트 헤링의 이름을 딴 헤링 착시는 바탕에 깔린 방사선들 때문에 두 직선이 바깥쪽으로 휘어진 것처럼 보이는 현상이에요.

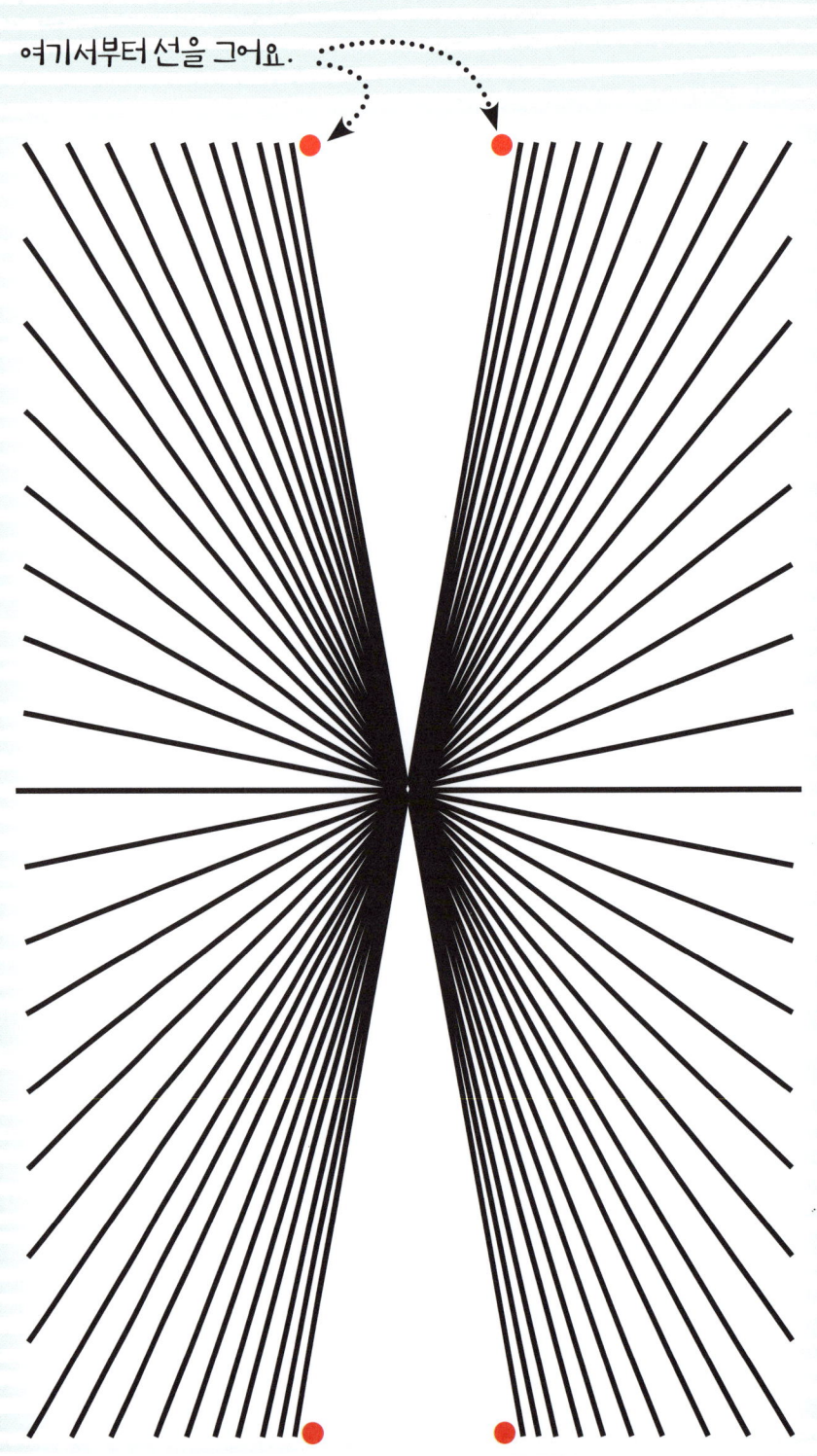

여기서부터 선을 그어요.

기울어진 선

이 착시는 한 과학자가 찻집에서 차를 주문하고 기다리다
우연히 벽의 타일 무늬를 보고 발견한 거랍니다!

파란색 펜으로 흐린 하늘색 사각형을 모두 칠해요.

우리 뇌는 각 줄에 늘어선 사각형들이 점점 커지거나 줄어든다고 느껴요. 그래서 가로선들이 기울어져 보이지요. 하지만 실제로 자를 대어 확인해 보면, 모든 가로선은 평행하답니다.

눈까지 깜빡 속았어요!

식물의 잎 관찰

여러 가지 잎을 자세히 관찰한 적이 있나요? 어떤 잎은 한 장의 잎사귀로 된 홑잎이고, 또 어떤 잎은 한 잎자루에 낱낱의 잎들이 여러 개 붙어 있는 겹잎 형태를 하고 있지요.

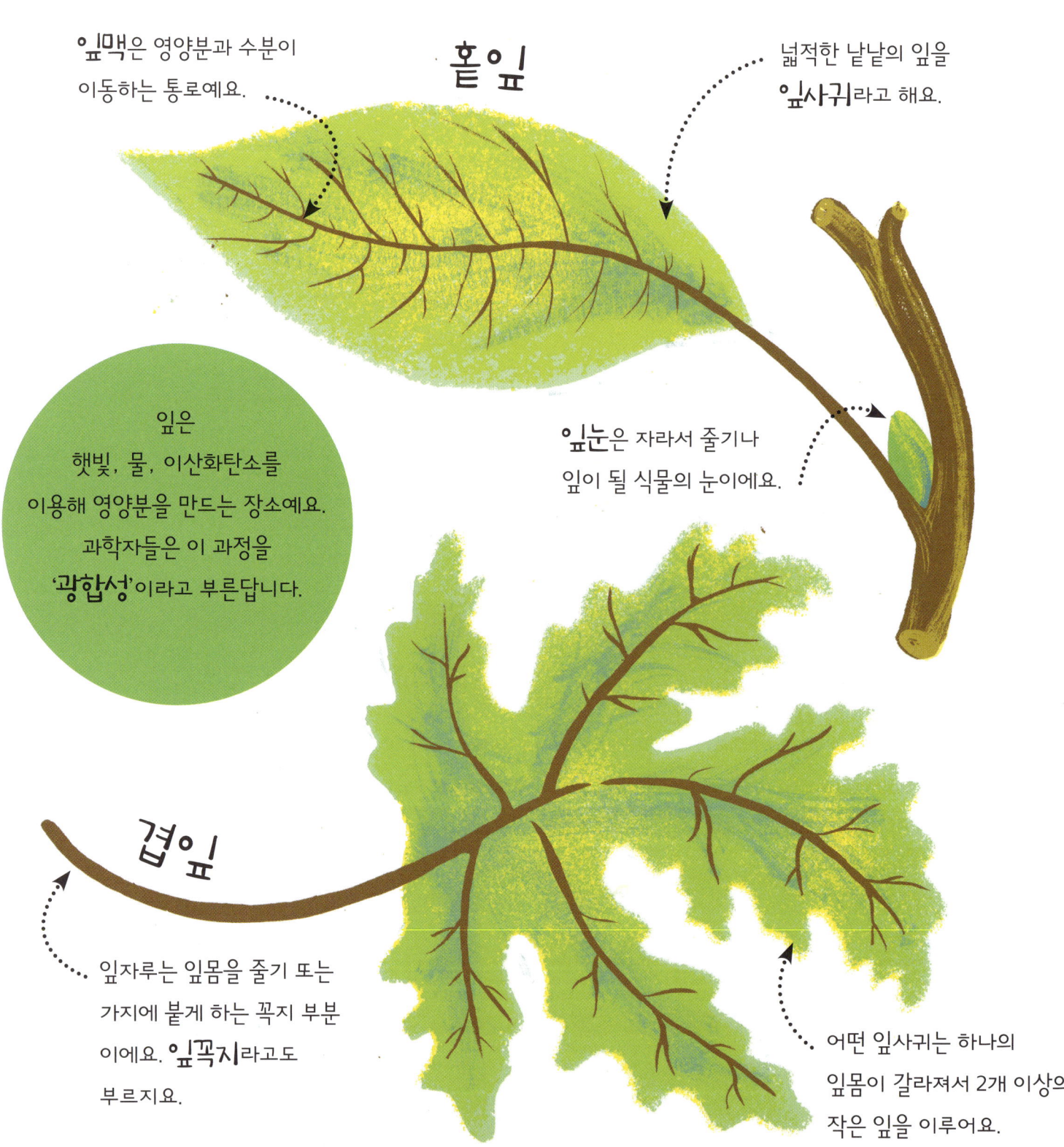

홑잎

잎맥은 영양분과 수분이 이동하는 통로예요.

넓적한 낱낱의 잎을 **잎사귀**라고 해요.

잎눈은 자라서 줄기나 잎이 될 식물의 눈이에요.

잎은 햇빛, 물, 이산화탄소를 이용해 영양분을 만드는 장소예요. 과학자들은 이 과정을 **'광합성'**이라고 부른답니다.

겹잎

잎자루는 잎몸을 줄기 또는 가지에 붙게 하는 꼭지 부분이에요. **잎꼭지**라고도 부르지요.

어떤 잎사귀는 하나의 잎몸이 갈라져서 2개 이상의 작은 잎을 이루어요.

식물의 잎 탁본 뜨기

여러 가지 잎을 탁본 뜨면서 잎의 생김새를 관찰해 봐요.

1 마음에 드는 잎을 골라요. 잎맥 쪽이 위로 오도록 해서 두꺼운 종이나 공작용 받침 위에 잎을 올려 두어요.

2 잎을 얹은 받침을 이 페이지 밑에 넣고, 크레파스로 살살 문질러요. 그럼 잎의 생김새가 마법처럼 나타날 거예요!

뱅글뱅글 로터콥터

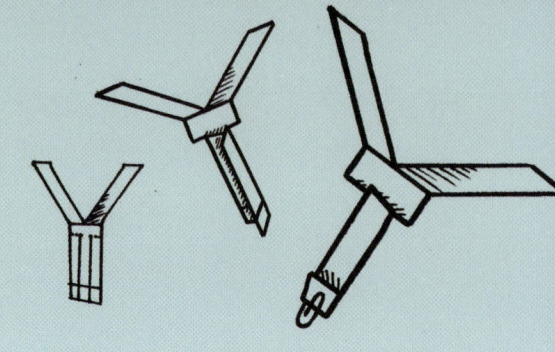

근사한 로터콥터를 만들어 놀며 회전에 숨어 있는 과학 원리를 알아봐요.

1
오른쪽에 있는 그림을 얇은 마분지에 옮겨 그려요. 책 뒤에 있는 그림(87쪽)을 마분지에 붙여 사용해도 좋아요.

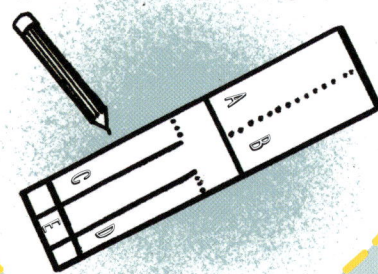

2
점선 부분을 잘라요. A 부분과 B 부분을 각각 바깥쪽을 향해 직각으로 접어 주어요. A는 몸에서 먼 쪽, B는 몸에 가까운 쪽으로 접어요. 또 C와 D는 서로 겹치도록 안쪽으로 접어요.

3
E를 위로 접어 올리고 클립으로 고정해요.

4
이제 로터콥터를 날려 볼까요? 로터콥터 아래쪽을 잡고 위로 던져 올린 뒤, 날개가 뱅글뱅글 돌면서 천천히 땅으로 떨어지는 모습을 관찰해 보아요.

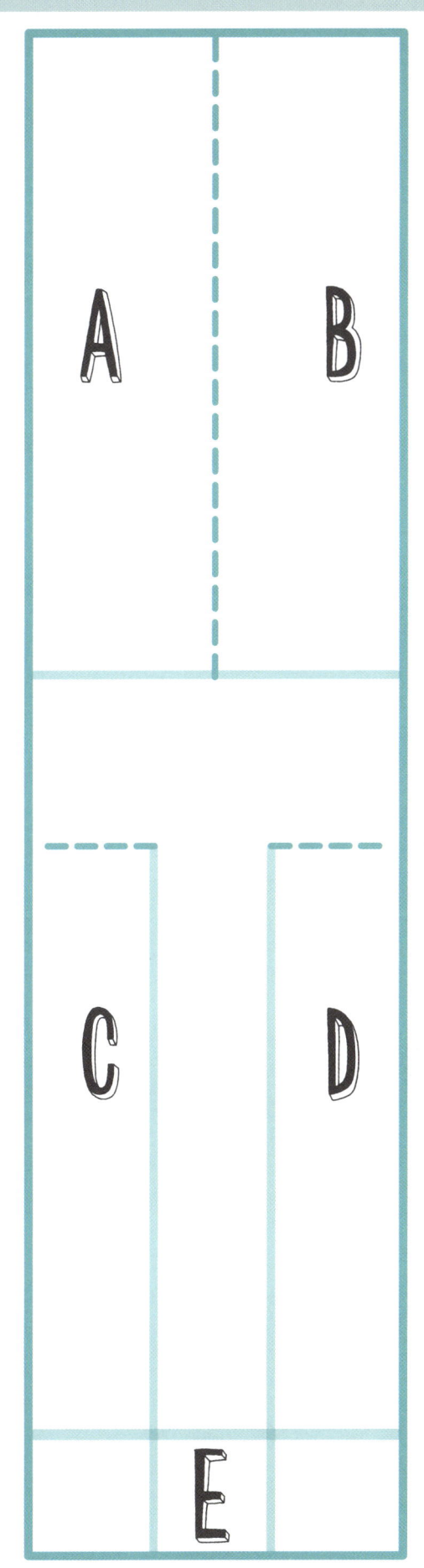

로터콥터의 양면에 마음껏 그림을 그리거나 색칠해 멋지게 꾸며요.

로터콥터를 날릴 때 바닥에 컵이나 그릇을 여러 개 놔둔 다음, 의자 위에 올라가 로터콥터가 원하는 장소에 정확히 떨어지도록 해 보아요. 또는 친구들과 각자 로터콥터를 만든 뒤, 누구의 로터콥터가 더 오랫동안 공중에 떠 있는지 대결하는 것도 재미있을 거예요.

회전의 과학

로터콥터의 원리는 무엇일까요? 로터콥터가 땅으로 떨어지려 할 때 공기가 밀어 올리는 힘이 양 날개에 작용해요. 날개 가장자리가 밀어 올리는 힘, 즉 '추진력'을 잘 받도록 날개가 꺾여 있기 때문이지요. 이 힘이 양 날개를 움직여서, 결국 로터콥터 전체가 회전하게 되는 거랍니다.

원근 착시

우리 뇌는 멀리 있는 물체는 작게, 가까이 있는 물체는 크게 보일 거라고 생각해요. 이 원리를 이용하면 재미난 원근 착시를 일으킬 수 있답니다.

옆의 그림을 잘 보아요. 누가 더 커 보이나요?

사실 두 사람의 크기는 똑같아요!
그런데 왜 달라 보이는 걸까요? 그건 뇌가 점점 좁아지는 선의 간격을 보고 착각을 일으켜 오른쪽 사람이 더 멀리 있다고 생각하기 때문이랍니다. 그래서 두 사람의 크기가 같더라도 '멀리 있는' 사람이 '가까이 있는' 사람보다 크다고 판단하게 되지요.

이제 나만의 원근 착시를 만들어 볼까요? 똑같은 2개의 물체를 그리되 하나는 복도 앞쪽에, 다른 하나는 복도 뒤쪽에 그려요. 이때 두 물체의 크기는 완전히 같아야 해요.

어때요? 하나가 다른 하나보다 더 커 보이지 않나요?

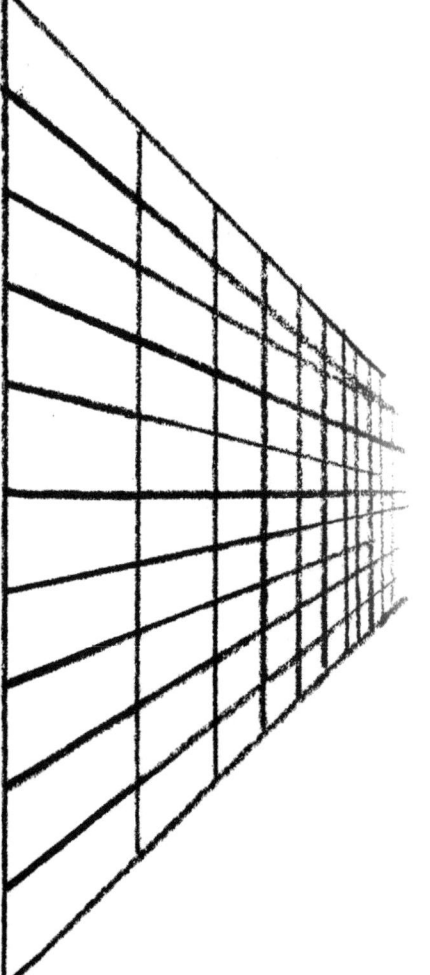
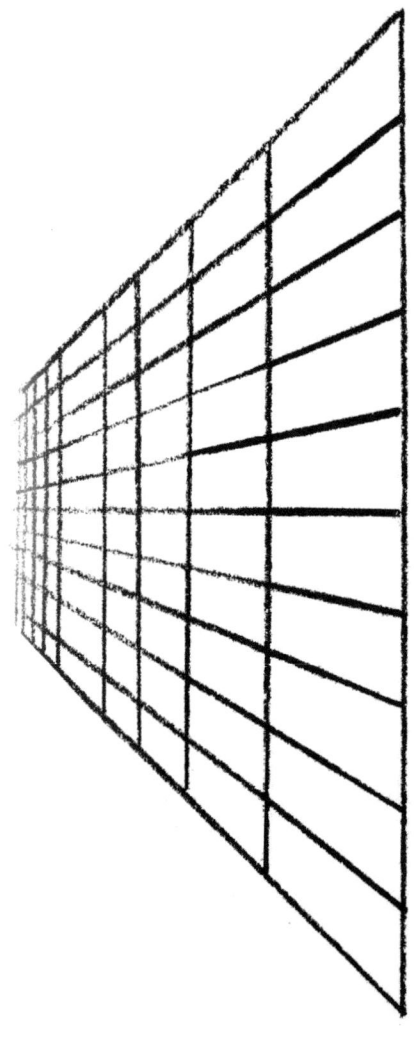

에임즈룸

미국의 안경 제작자 아델베르트 에임즈는 시각에 왜곡을 일으키는 희한한 방을 발명했어요. 이 희한한 방은 그의 이름을 따서 '에임즈룸'이라고 불리지요. 이 방 안에 물체를 놓고 보면 물체의 크기가 실제와 다르게 보인답니다.

1 60~61쪽에 있는 그림을 빳빳한 흰 종이에 옮겨 그려요. 책 뒤의 그림(93, 95쪽)을 두꺼운 종이에 붙여 사용해도 좋아요.

2 방을 꾸며 봐요! 액자 안에 그림을 그려 넣고, 바닥 타일을 색칠해요. 이때 반드시 60쪽에 있는 설명을 꼭 따라야 해요.

3 방의 도면을 오려 내요. 붉은 점선으로 표시된 둥근 원과 네모도 잊지 말고 잘라 내요.

4 점선을 따라 도면을 안쪽으로 접어요. 풀이나 테이프를 이용해 벽을 이어 붙이면 나만의 에임즈룸 완성!

같은 크기의 두 물체(작은 인형이나 체스 말 등)를 둥근 구멍 맞은편 벽의 양 모퉁이에 하나씩 놓은 뒤 구멍으로 방 안을 들여다보아요. 두 물체가 정사각형 바닥의 모퉁이에 놓여 있는 것처럼 보일 거예요. 게다가 한 물체가 다른 물체보다 훨씬 크게 보인답니다. 이제 두 물체의 위치를 서로 맞바꾸고 다시 방 안을 들여다보아요. 하나는 확 작아지고, 하나는 확 커져 있을 거예요!

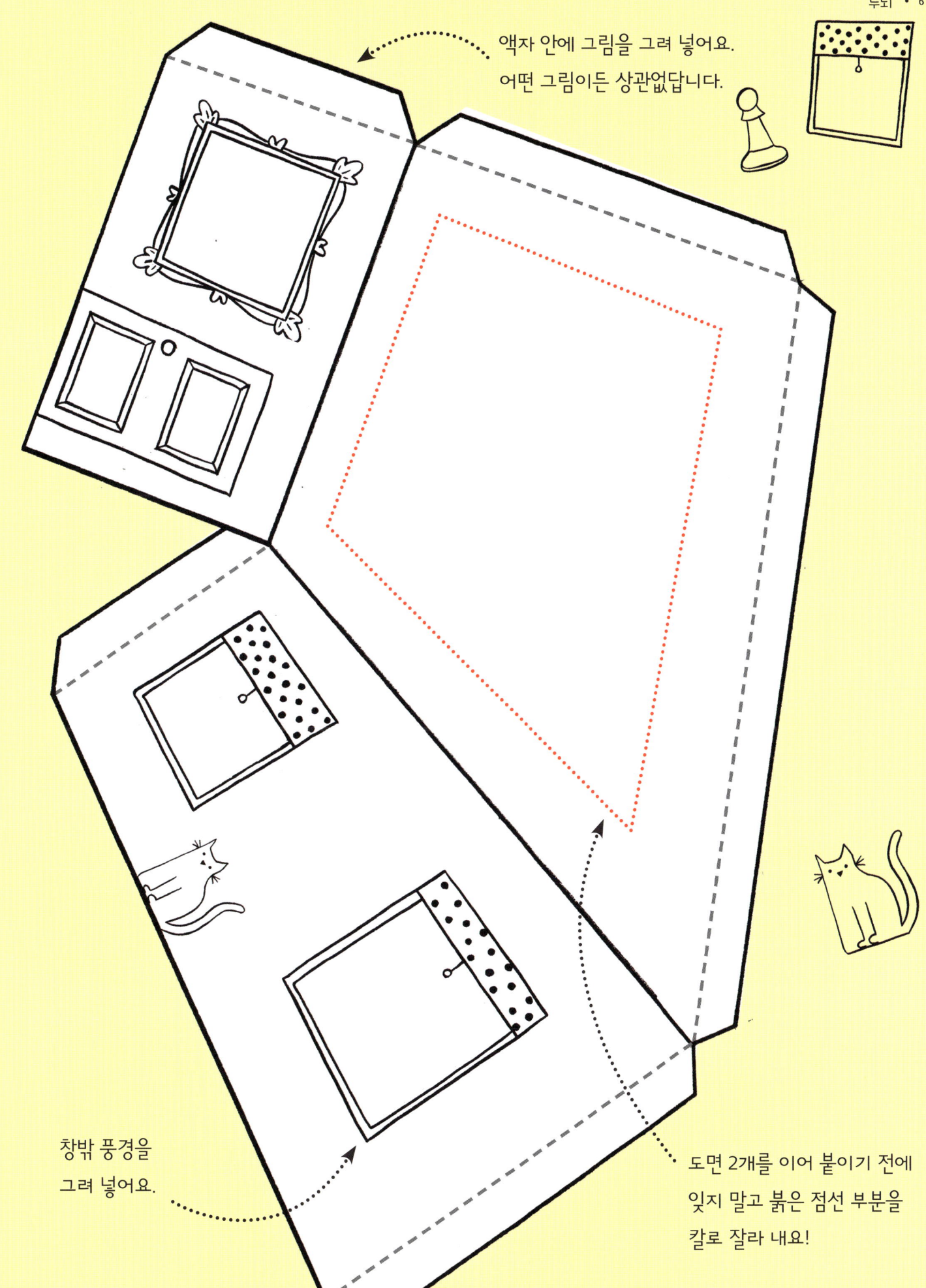

뒤집고 피그룸

어떤 그림은 볼 때마다 다른 그림으로 보여요. 이런 그림을 **애매모호한 그림**이라고 부른답니다.

우리 뇌는 2가지 이상으로 해석될 수 있는 애매모호한 그림을 보면 여러 가지 설명 사이를 왔다 갔다 헤매게 돼요. 때때로 뇌는 보고 있는 그림에 어떤 설명이 더 그럴듯한지 바로 결정을 내리지 못할 때가 있거든요. 예를 들어 오른쪽에 토끼 그림처럼요.

이 그림을 시계 방향으로 직각(90°)만큼 돌려 여기에 옮겨 그려 봐요. 뭐가 보이나요? 전혀 새로운 그림을 색칠해 보아요!

아래 있는 점들을 자를 대고 이어 생일 카드처럼 보이는 육각형을 그려 보아요.

자, 이제 카드를 보아요. 내가 보고 있는 건 카드의 **안쪽**인가요, **바깥쪽**인가요? 정답은 없어요.

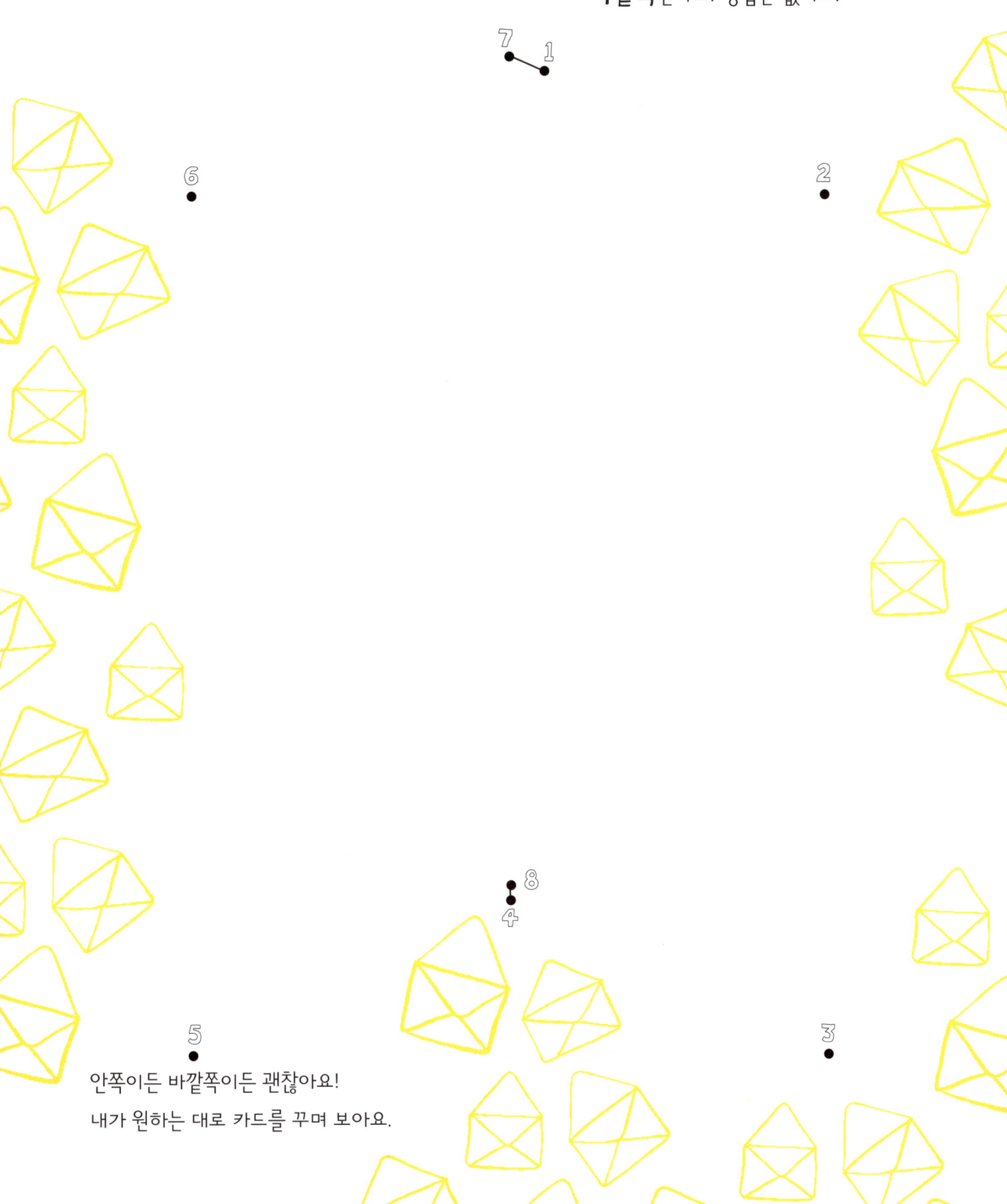

안쪽이든 바깥쪽이든 괜찮아요! 내가 원하는 대로 카드를 꾸며 보아요.

불가능을 그려요

불가능한 그림은 뇌를 속여요. 불가능한 그림은 눈으로 본 것과 뇌가 그 그림을 보고 판단한 것끼리 충돌을 일으키지요. 펜로즈는 '불가능한 도형'이라는 용어를 처음 사용했어요. 펜로즈의 삼각형은 언뜻 아무 문제가 없어 보이지만 자세히 보면 기본 성질을 어기는 착시 도형이랍니다.

당황스러운 불가능한 도형

검은색 펜으로 점 A는 A끼리, 점 B는 B끼리 선을 이어요.

여러분은 '불가능한 도형' 또는 '악마의 쇠스랑'이라 불리는 불가능한 그림을 그렸어요. 이 쇠스랑에 갈고리가 2개 달렸을까요, 3개 달렸을까요? 아마 대답하기 어려울 거예요.

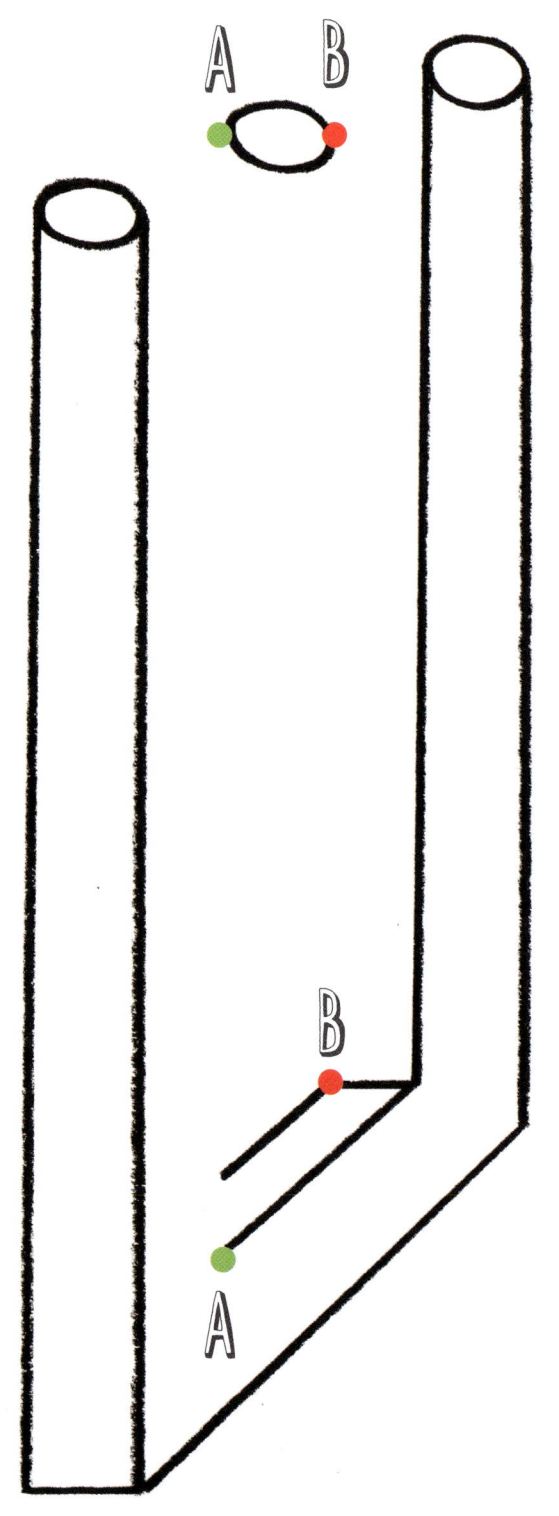

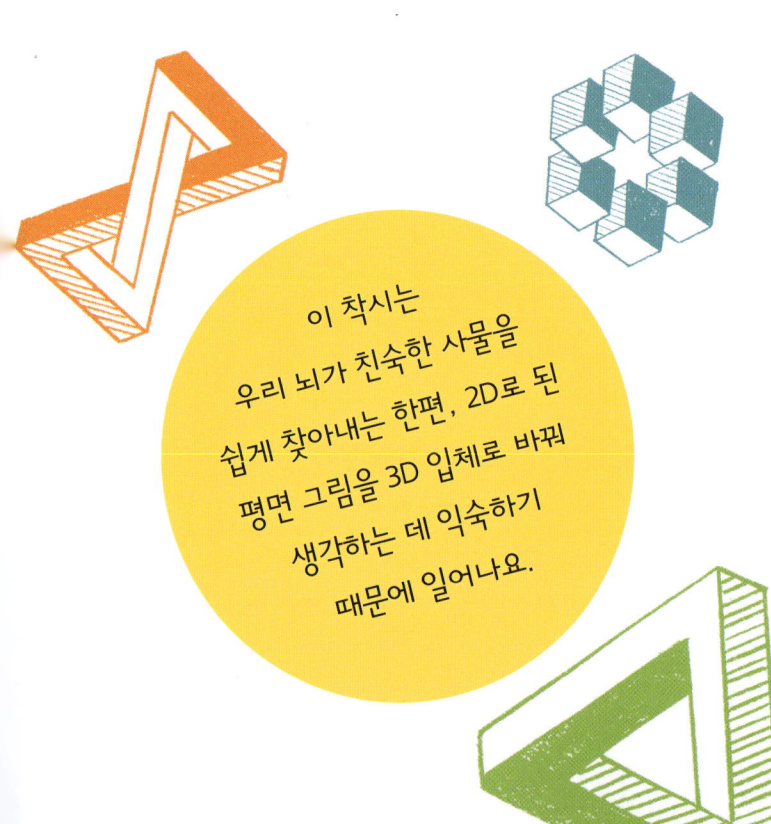

이 착시는 우리 뇌가 친숙한 사물을 쉽게 찾아내는 한편, 2D로 된 평면 그림을 3D 입체로 바꿔 생각하는 데 익숙하기 때문에 일어나요.

정신 나간 사각형

1 점 4개를 이어 사각형을 그려요.

2 각 점에서 1cm씩 선을 더 이어 그려요.

3 아래 그림처럼, 2에서 직각을 이루는 긴 선을 하나씩 그려요. 긴 선 끝이 각 모서리보다 조금씩 더 나오도록 그려요.

4 긴 선의 끝과 45°를 이루는 짧은 선들을 그려 넣어요.

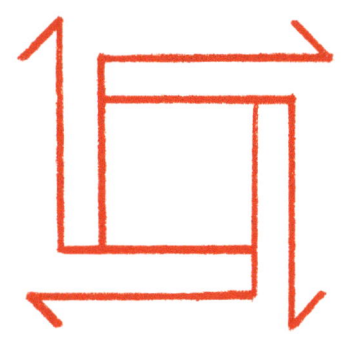

5 모서리를 모두 이어 아래와 같은 도형을 완성해요.

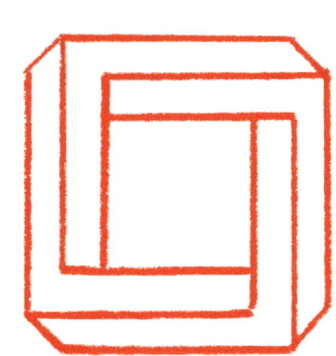

와, 축하해요!
여러분도 불가능한 사각형을
그려 냈어요!

나비의 한살이

나비는 아름다운 모습이 되기까지 아주 놀라운 변신 과정을 거친답니다. 나비의 한살이를 예쁘게 색칠해 보아요.

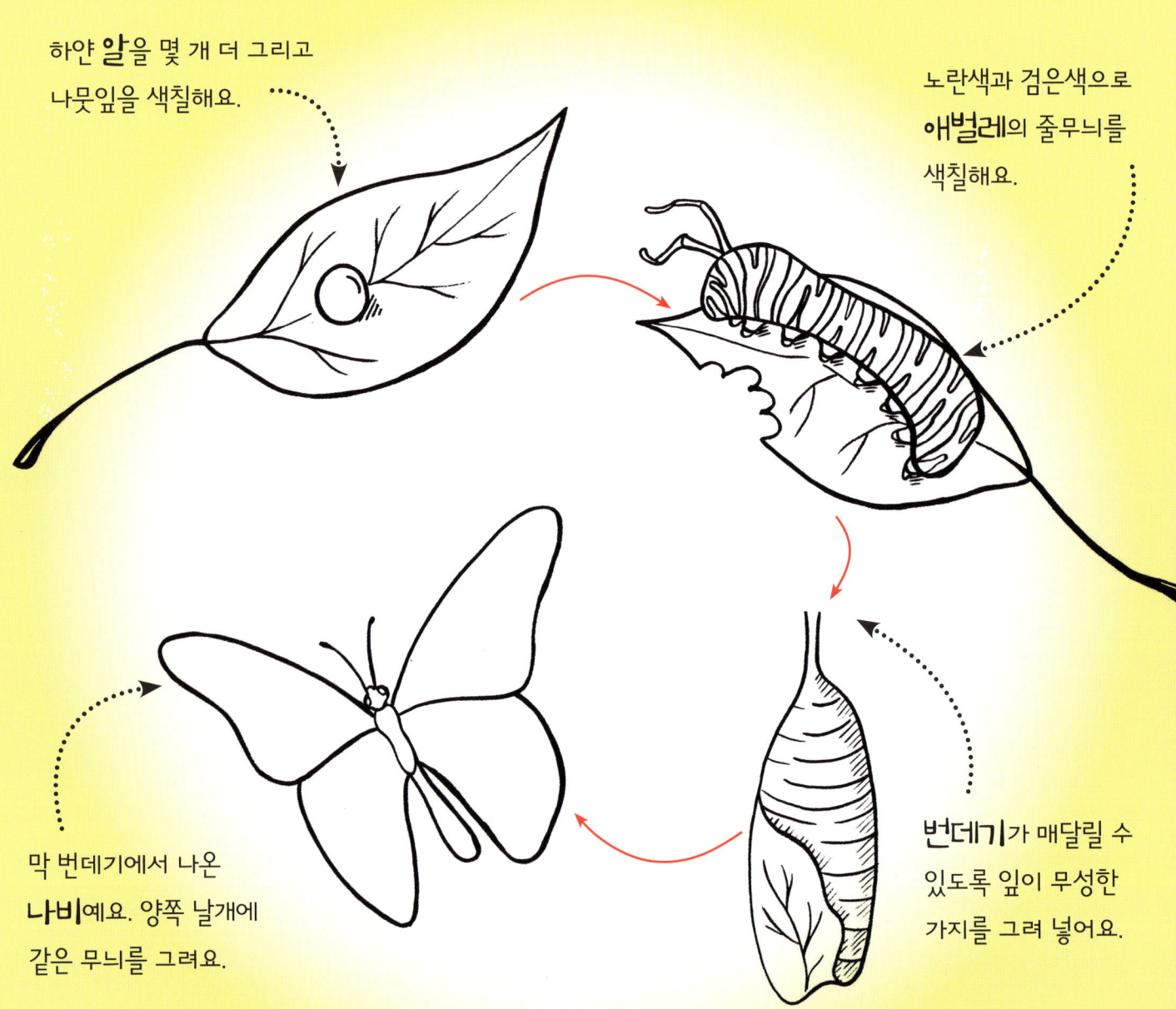

하얀 **알**을 몇 개 더 그리고 나뭇잎을 색칠해요.

노란색과 검은색으로 **애벌레**의 줄무늬를 색칠해요.

막 번데기에서 나온 **나비**예요. 양쪽 날개에 같은 무늬를 그려요.

번데기가 매달릴 수 있도록 잎이 무성한 가지를 그려 넣어요.

나비는 보통 식물의 가지나 잎에 알을 낳아요. 알을 깨고 나온 애벌레는 먹이를 잔뜩 먹고 4~5번 정도 껍데기를 벗으며 무럭무럭 성장하지요. 애벌레는 고치나 번데기 안에서 나비로 변신해요. 번데기에서 갓 나온 나비는 날개가 부드럽고 축축하지만 곧 단단하게 마른답니다.

화려한 공작나비

나비는 2쌍의 날개로 날아다녀요.
나비의 날개는 대부분 색과 무늬가 화려하지요.
아래의 공작나비는 유럽과 아시아에서 볼 수 있는 아름다운 나비예요. 공작나비의 화려한 날개를 색칠해 보아요.

더듬이
나비는 긴 더듬이를 이용해 냄새를 맡고, 날아다닐 때 몸의 균형을 잡아요.

주둥이
나비의 주둥이는 빨대처럼 속이 비어 있어요. 평소에는 도르르 말려 있다가 액체나 꽃의 꿀을 빨 때 길게 펴진답니다.

머리

가슴

배

날개
나비 날개는 층층이 쌓인 아주아주 작은 나노 구조물에 미세한 비늘이 촘촘히 덮여 있어요.

다리
나비는 6개의 다리에 있는 특수 세포를 이용해 냄새를 맡거나 맛을 본답니다.

도전! 두뇌 퍼즐

우리는 똑똑한 뇌 덕분에 생각하고, 배우고, 문제를 해결할 수 있어요. 똑똑해지는 방법은 정말 다양해요. 예를 들어 우리는 수학 천재가 될 수도 있고, 음악에 엄청난 재능을 보일 수도 있어요. 다른 사람을 이해하는 능력이 매우 발달할 수도 있죠. 이제 풀어 볼 두뇌 퍼즐은 여러분의 새로운 능력을 개발해 줄 거예요.

먼저 '**공간 지각 능력**'을 키우는 퍼즐에 도전해 보아요. 공간 지각 능력은 도형이나 공간, 그림 등을 잘 파악하고 다룰 수 있는 능력이랍니다.

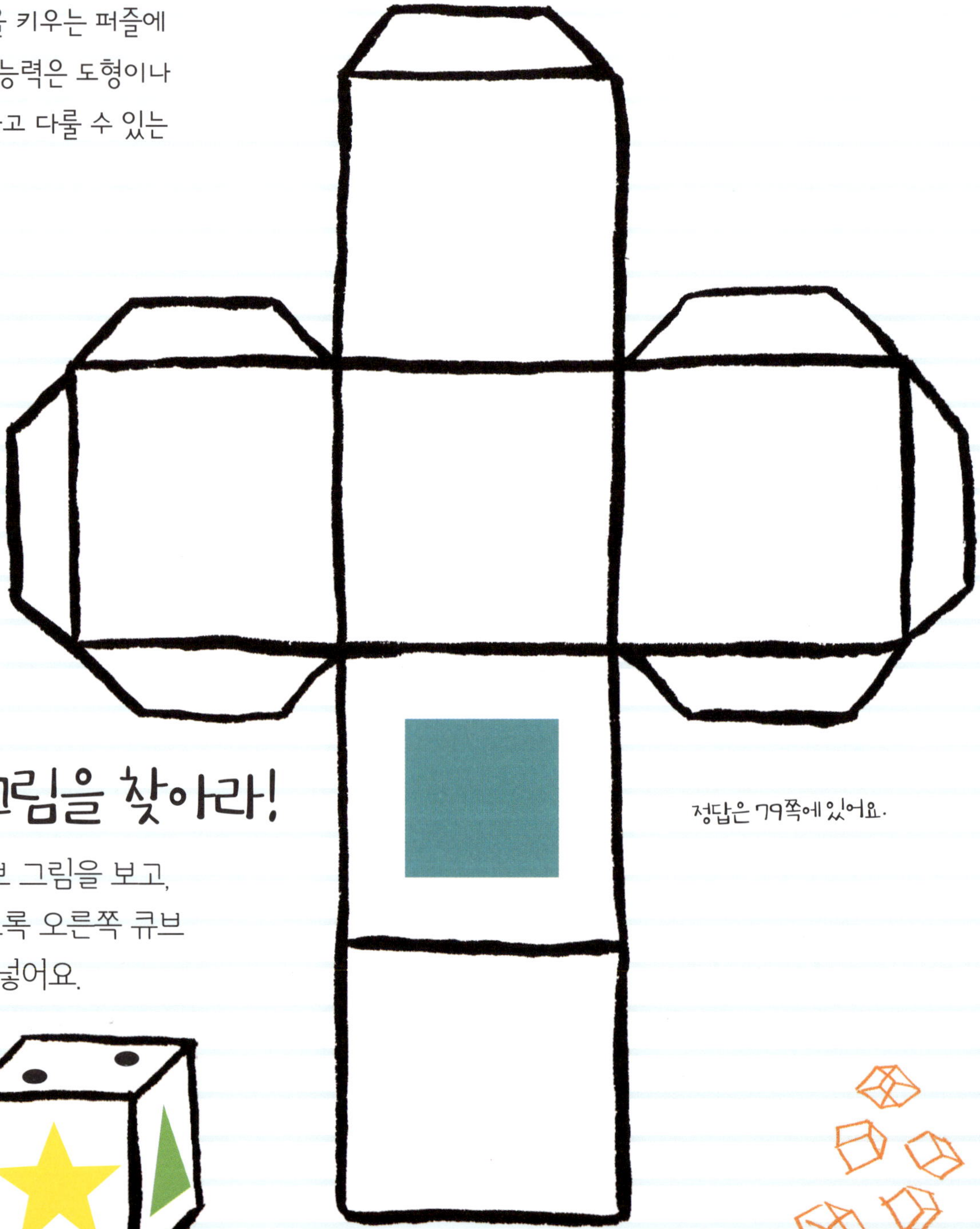

큐브에 숨은 그림을 찾아라!

아래에 있는 2개의 큐브 그림을 보고, 이 형태가 나올 수 있도록 오른쪽 큐브 전개도에 모양을 그려 넣어요.

정답은 79쪽에 있어요.

테니스공을 옮겨라!

공을 딱 3개만 옮겨서 꼭짓점이
아래쪽에 있는 역삼각형을 만들어요.

봉투 그리기

이번 문제는 조금 어렵지만, '**수평적 사고 능력**'을 키울
수 있어요. 수평적 사고 능력은 창의적으로 생각하고
새로운 방식으로 문제를 해결하는 능력을 말하지요.

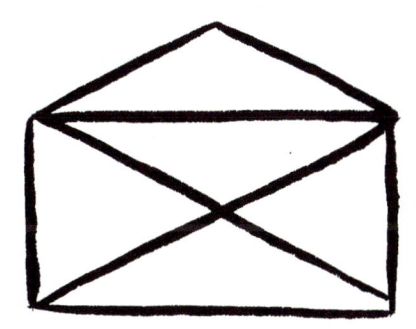

1. 먼저, 연필을 종이에서
한 번도 떼지 않은 채 옆에 있는 봉투
그림을 그려 보아요. 단, 한 번 그린
선 위는 다시 지나갈 수 없어요.

2. 너무 쉽다고요? 그럼 좀 더 어렵게
해 볼까요! 같은 방법으로 봉투를 그리되,
이번에는 선끼리 서로 **교차하지 않도록**
그려요.

정답은 80쪽에 있어요.

복잡한 문제

앞에서 우리는 우리 안에 숨겨진 공간 지각 능력과 수평적 사고 능력을 확인했어요. 이번에는 '**논리력**'을 시험할 차례예요.

모양 스도쿠

규칙을 지키며 오른쪽에 있는 6개의 모양을 아래 스도쿠 퍼즐에 채워요.

가로줄마다 6개의 모양이 모두 들어가야 해요.

세로줄마다 6개의 모양이 모두 들어가야 해요.

굵은 선으로 나뉘어진 격자 안에도 각각 6개의 모양이 모두 들어가야 해요.

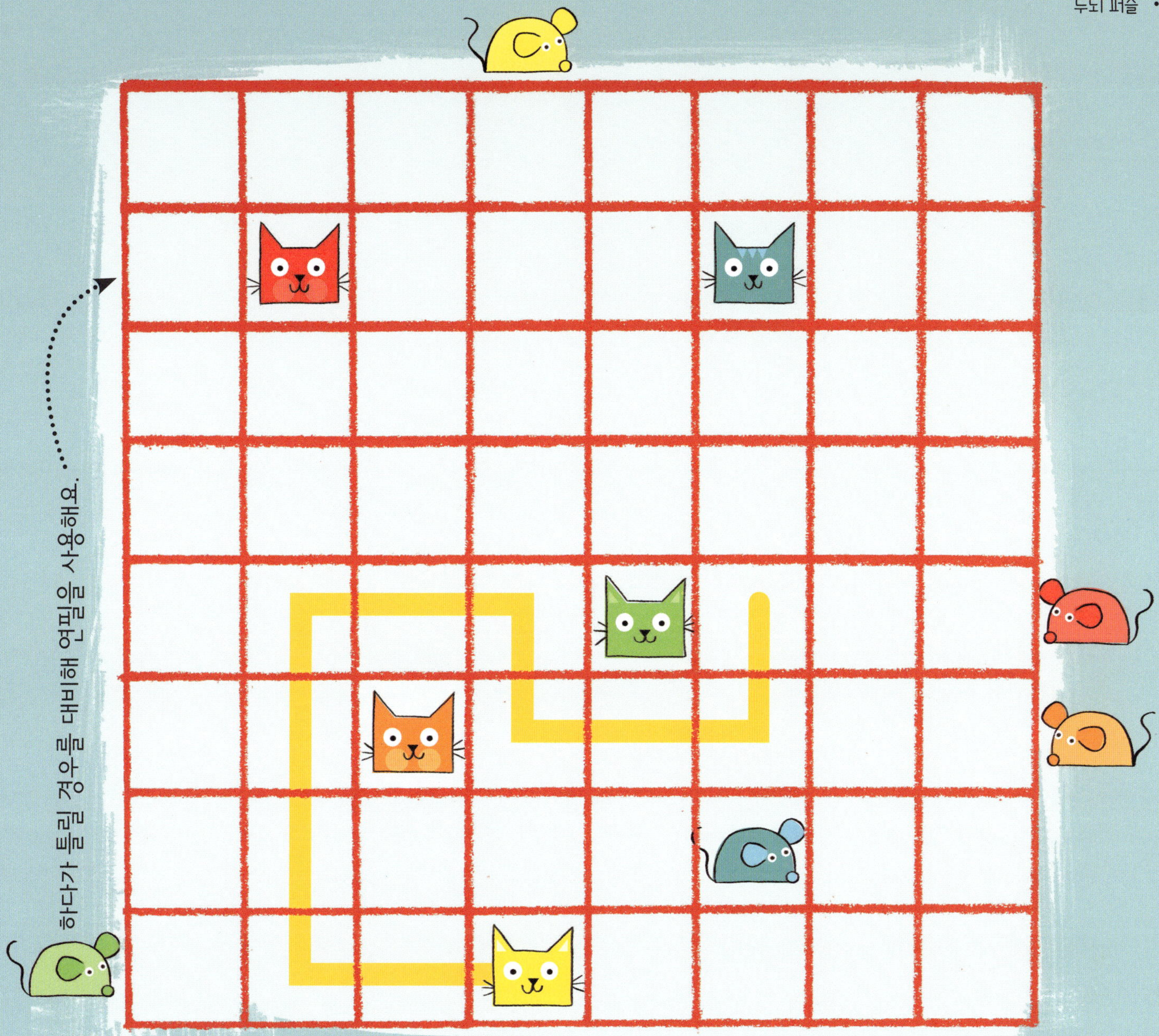

고양이와 쥐

색이 같은 쥐돌이 장난감이 있는 곳으로 고양이들을 보내 주어요. 고양이는 수평(오른쪽, 왼쪽)과 수직(위쪽, 아래쪽) 방향으로만 움직일 수 있고, 대각선으로는 이동하지 못해요. 또 한 고양이가 이동한 길로 다른 고양이가 이동하거나 서로 교차하면 안 돼요.

하다가 틀릴 경우를 대비해 연필을 사용해요.

정답은 80쪽에 있어요.

기억력 서커스

우리 뇌는 2가지 서로 다른 기억용 공간을 갖고 있어요. 하나는 단기 기억, 다른 하나는 장기 기억이지요.

단기 기억은 약 20~30초 동안 보관되는 기억이에요. 이 시간이 지나면 잊어버리게 되지요.

간단한 활동으로 단기 기억력을 시험해 보아요.

아래 목록은 어느 서커스단에 있는 물건들이에요. 목록을 30초 동안 뚫어져라 쳐다본 뒤, 목록을 가려요. 그리고 오른쪽 빈 공간에 기억나는 물건들을 재빨리 그려요. 절대 커닝하지 말 것!

의자	광대
풍선	자전거
곡예사	모자
사다리	저글링 곤봉
아이스크림콘	물 양동이
드럼	애플파이

단기 기억 가운데 뇌가 필요하다고 판단한 내용은 장기 기억으로 바뀌어요. 우리의 기억은 대부분 장기 기억이지요. 우리의 경험이나 지식, 능력은 모두 장기 기억으로 보존돼 있답니다.

목록을 모두 기억할 수 있나요?

몇 개나 기억했나요?

0-4 = 노력하면 더 잘 기억할 수 있을 거예요.

5-9 = 기억력이 좋은 편이에요.

10-12 = 정말 기억력이 뛰어나군요!

더 자세히 알아보기

책을 다 봐서 더 할 게 없다고요? 여기 새로운 활동에 도전해 볼 수 있는 아이디어가 많이 있답니다.

활동 아이디어

거울로 눈동자를 관찰하며 한쪽 눈동자를 그대로 그려 보아요(25쪽). 홍채는 무슨 색인가요? 눈동자를 홍채 색으로 색칠해요. 눈동자가 얼마나 큰지 확인하고, 그려 넣어요. 눈동자의 크기로 방 안이 얼마나 밝은지 알 수 있나요?

여러 가지 잎을 다양한 색으로 탁본해 보아요(55쪽). 나뭇잎 탁본을 모양대로 오려서 한데 붙이면 예쁜 숲이 완성된답니다.

72~73쪽에서 했던 기억력 테스트 목록을 직접 만들어 가족이나 친구들과 함께 즐겨 보아요. 주변에 있는 물건 이름을 12~20개 정도 적으면 된답니다.

거울에 비친 글자를 이용해 나만의 비밀문서를 만들어 보아요. 거울에 비친 세상은 왼쪽과 오른쪽이 반대라는 사실을 꼭 기억해요(39쪽).

13쪽에서 한 것처럼, 여러 종류의 꽃을 관찰해서 그린 뒤 꽃 이름을 적어요.

26쪽에 있는 사과 그림을 컬러 풀로 투명한 비닐이나 플라스틱 판에 그려요. 사과는 연한 파란색, 잎은 연한 분홍색으로 칠하면 잔상 스테인드글라스 완성!

65쪽의 불가능한 사각형을 그리는 것과 같은 방법으로 불가능한 삼각형을 그려 볼까요? 도전해 보아요!

26~27쪽의 잔상 효과는 흑백 그림을 볼 때도 나타나요. 먼저 검은색과 흰색으로만 이루어진 그림을 그려요. 45초간 그림을 쳐다본 뒤 아무것도 없는 흰 종이를 보아요. 검은색과 흰색이 반대로 나타난답니다!

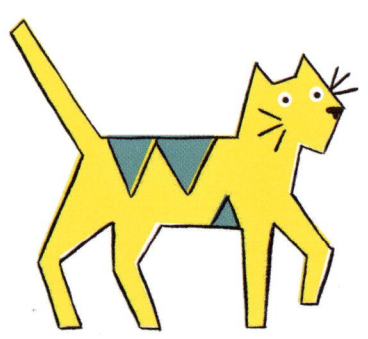

서로 합쳐요

잎 탁본 뜨기를 다른 방법으로 해 볼까요?(55쪽) 꽃과 잎을 두드려 나오는 색소로 천을 염색할 수도 있어요. 반으로 접은 면 소재의 천 사이에 싱싱한 잎과 꽃을 끼워 넣고, 평평한 바닥 위에서 나무망치나 돌멩이로 살살 두드리면 된답니다.

36쪽에서 무지개의 원리에 대해 배웠어요. 직접 무지개를 만들어 보는 건 어떨까요? 직사광선이 내리쬐는 곳에 물이 든 유리컵을 놓아요. 태양에서 나온 하얀 빛이 물을 통과하며 여러 개의 색으로 갈라질 거예요. 유리컵을 통과해 비치는 무지개를 종이에 그리고 예쁘게 색칠해요.

72~73쪽의 기억력 테스트를 끝냈나요? 이번에는 시각 기억력을 시험해 봐요. 내가 그린 그림을 30초간 뚫어져라 쳐다본 뒤 그림을 가려요. 그리고 기억하는 물체들의 이름을 빈 종이에 재빨리 써 보아요.

44쪽에 있는 달의 위상 변화를 32쪽에 있는 미니 애니메이션 책으로 만들어 보아요.

이 책에 있는 착시 그림들을 종이에 작게 옮겨 그려요. 그림 바깥쪽에 테두리를 그리고 잘라낸 뒤 59~61쪽에서 만들었던 에임즈룸 벽에 붙여 장식해요.

회전 그림판(30쪽)으로 엑스레이 사진을 만들어 볼까요? 그림판 한 면에는 사람을 그리고, 다른 면에는 49쪽을 참고해 골격을 그려 넣어요.

책에서 본 착시 그림 가운데 가장 마음에 드는 2장을 골라 옮겨 그리거나 복사한 뒤, 두꺼운 종이 양면에 각각 붙여 착시 책갈피를 만들어 보아요.

쓰는 말 설명

각도 : 한 점에서 갈려 나간 2개의 직선이 벌어진 정도.

거미류 : 몸이 2부분으로 나뉘고 다리가 8개 달린 절지동물. 거미와 전갈은 모두 거미류에 속한다.

격자(모눈) : 바둑판처럼 가로선과 세로선을 일정한 간격으로 직각이 되도록 짠 구도 또는 종이.

곤충 : 척추가 없고 다리가 6개이며 몸이 3부분으로 나뉘는 작은 동물. 대부분 2쌍의 날개를 갖고 있다.

관절 : 뼈와 뼈가 서로 맞닿아 연결되는 부분. 팔꿈치나 무릎 같은 관절들은 몸을 자유로이 움직이게 한다.

교차 : 하나씩 뛰어넘거나 번갈아 하는 것. GLOVE라는 단어 속 알파벳 가운데 G, O, E에 해당한다.

기억 : 이전의 경험, 생각, 능력을 간직하거나 도로 생각해 내는 것.

꽃가루 : 꽃 안쪽에서 볼 수 있는 가루. 보통 노란색을 띠고 있으며, 암술과 만나 씨와 열매를 맺게 한다.

꽃잎 : 꽃 바깥쪽을 이루고 있는 알록달록한 기관. 꽃 내부의 수술과 암술 같은 기관을 보호하고, 곤충이나 동물들을 유혹하는 역할을 한다.

날개 너비 : 새나 곤충이 날개를 활짝 폈을 때, 한 날개의 끝에서 다른 날개 끝까지의 길이.

뇌머리뼈 : 뇌를 감싸고 보호하는 둥근 바가지 형태의 뼈.

눈과 손의 협동 : 그림을 그리거나 날아오는 공을 잡을 때처럼 눈과 손이 서로 협력해서 일을 해내는 능력.

반사 : 일정한 방향으로 나아가던 빛, 열, 음파 등이 물체의 표면에 부딪혀서 나아가던 방향을 반대로 바꾸는 현상.

별(항성) : 매우 크고 뜨거운, 공 모양의 가스 덩어리. 지구에서 가장 가까운 별은 태양이다. 그 외의 다른 별들은 모두 밤하늘에서 빛나는 하얀 점으로 보인다.

세포 : 생물을 이루는 가장 기본적인 구조. '단세포 생물'은 하나의 세포로 이루어진 반면, 사람이나 동물들은 수백만 개의 다양한 세포들로 이루어진 '다세포 생물'이다.

수분 : 식물의 씨앗이 만들어지는 과정.

수직선 : 일정한 직선이나 평면과 직각을 이루는 직선(vertical line) 또는 직선을 이루는 각각의 점에 하나의 실수를 대응한 직선(number line).

수평선 : 수평면 위에 있는 직선.

시계 방향 : 시계의 시침, 분침,

초침이 돌아가는 방향.

에너지 : 일을 할 수 있는 능력. 음식 속의 화학 에너지부터 열, 빛, 전기 등 다양한 종류의 에너지가 있다. 한 에너지가 다른 에너지로 변하기도 한다. 예를 들어 전기포트는 전기 에너지가 열에너지로 바뀌어 물을 끓인다.

염색 : 종이나 천 따위에 색을 물들이는 것.

왜곡 : 원래와 다른 형태로 변한 것.

자릿수 : 일, 십, 백, 천, 만 따위의 수의 자리 또는 자리의 개수. 예를 들어 28은 2와 8로 된 두 자릿수다.

우주 : 태양, 항성, 행성 그리고 우리가 사는 지구 등 이 세상의 모든 것이 들어 있는 공간.

이산화 탄소 : 공기에 들어 있는 냄새도, 색도 없는 기체. 사람을 포함한 대부분의 생물이 숨을 쉬거나 몸에서 에너지를 만들 때 생긴다. 물질을 태울 때도 생긴다.

잔상 : 눈으로 물체를 본 뒤 물체를 보지 않아도 아주 짧은 시간 동안 보이는 현상.

잠망경 : 거울이 들어 있는 기둥 모양의 도구. 주로 목표물을 직접 볼 수 없는 잠수함이나 참호 등에서 사용한다.

중력 : 지구 위 질량이 있는 물체가 지구로부터 받는 힘. 지구 위의 장소에 따라 차이가 있다.

지름 : 원의 중심을 지나도록 원 둘레의 두 점을 이은 선.

직사각형 : 마주 보는 2변의 길이가 각각 같고, 모서리가 직각을 이루는 사각형.

착시 : 눈과 뇌에 혼동을 일으켜 원래의 그림이나 물체와 다르게 보이는 현상.

초점 : 우리의 눈이 대상을 가장 똑똑하게 볼 수 있도록 맞추는 점.

컴퍼스 : 완전한 원을 그리기 위해 사용하는 도구.

탁본 : 비석이나 나무, 기타 물체에 새겨진 무늬를 종이에 그대로 뜨는 것.

투시법 : 3D로 이루어진 입체적 대상을 2D 평면에 그리는 방법. 투시법을 이용하면 그림이 높이와 너비뿐 아니라 깊이까지 갖춘 것처럼 보인다.

한살이 : 생물이 태어나 죽을 때까지의 모든 과정.

회전 그림판 : 양면에 서로 다른 그림이 그려진 옛 장난감. 빠르게 돌리면 두 그림이 합쳐져 하나의 그림처럼 보인다.

흡수 : 무언가를 받아들이는 과정. 예를 들어 검은색은 빛을 잘 흡수한다.

정답

! 아래의 착시는 멀리서 볼 때 더 잘 보여요.

34쪽 : 움직이는 원

22쪽 : 색의 혼동

23쪽 : 붉은 사각형

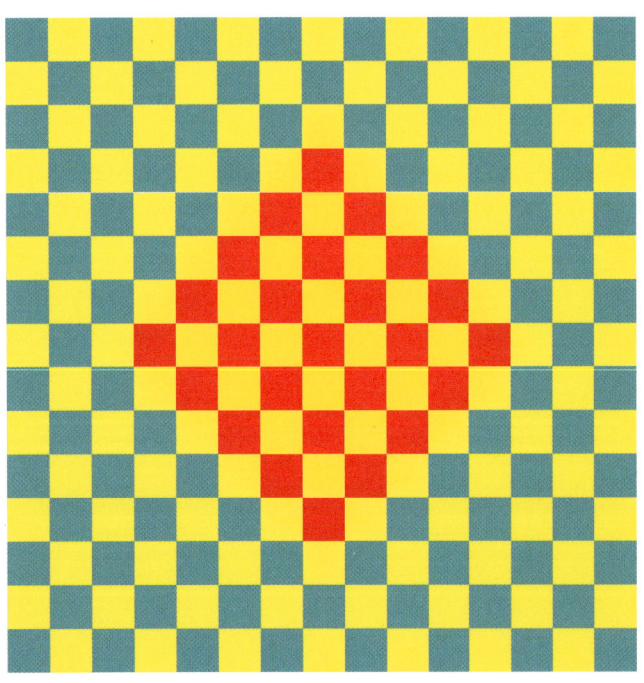

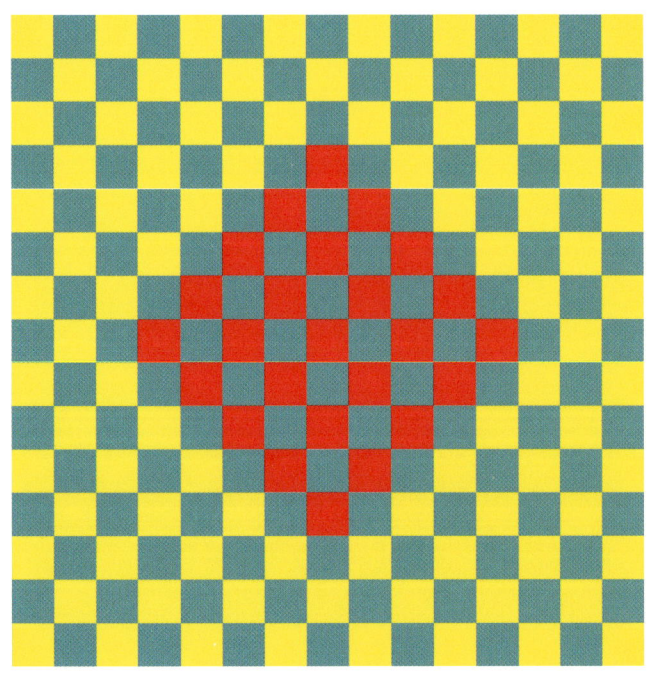

35쪽 : 뱅글뱅글 고리

68쪽 : 큐브에 숨은 그림을 찾아라!

41쪽 : 각도를 맞춰라!

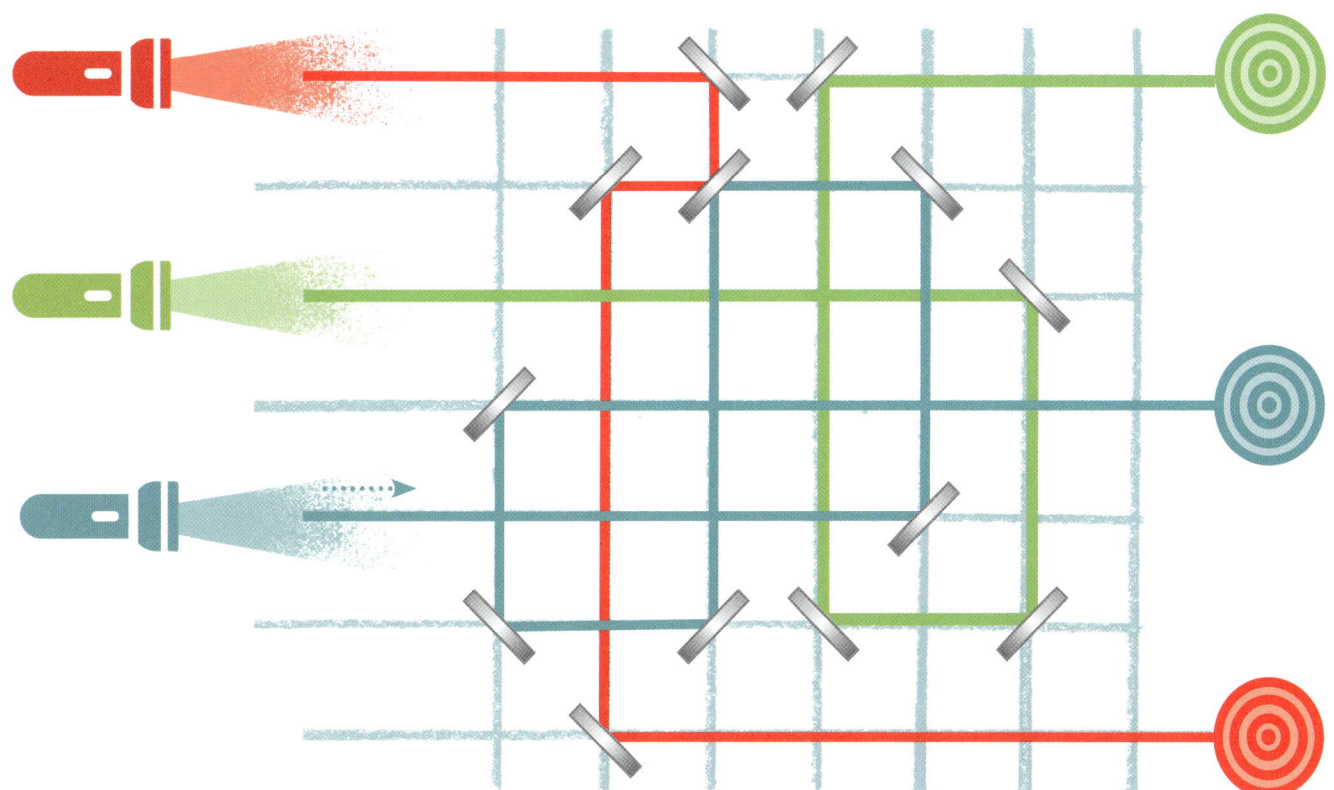

69쪽 : 테니스공을 옮겨라!

69쪽 : 봉투 그리기

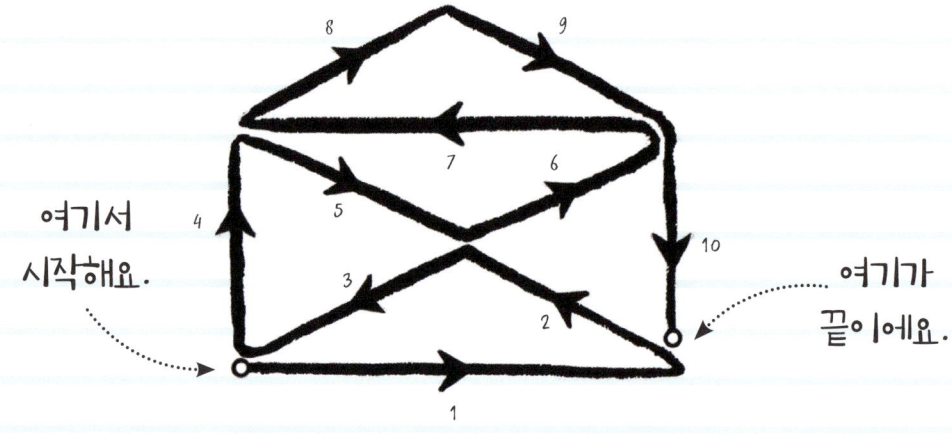

70쪽 : 모양 스도쿠

71쪽 : 고양이와 쥐

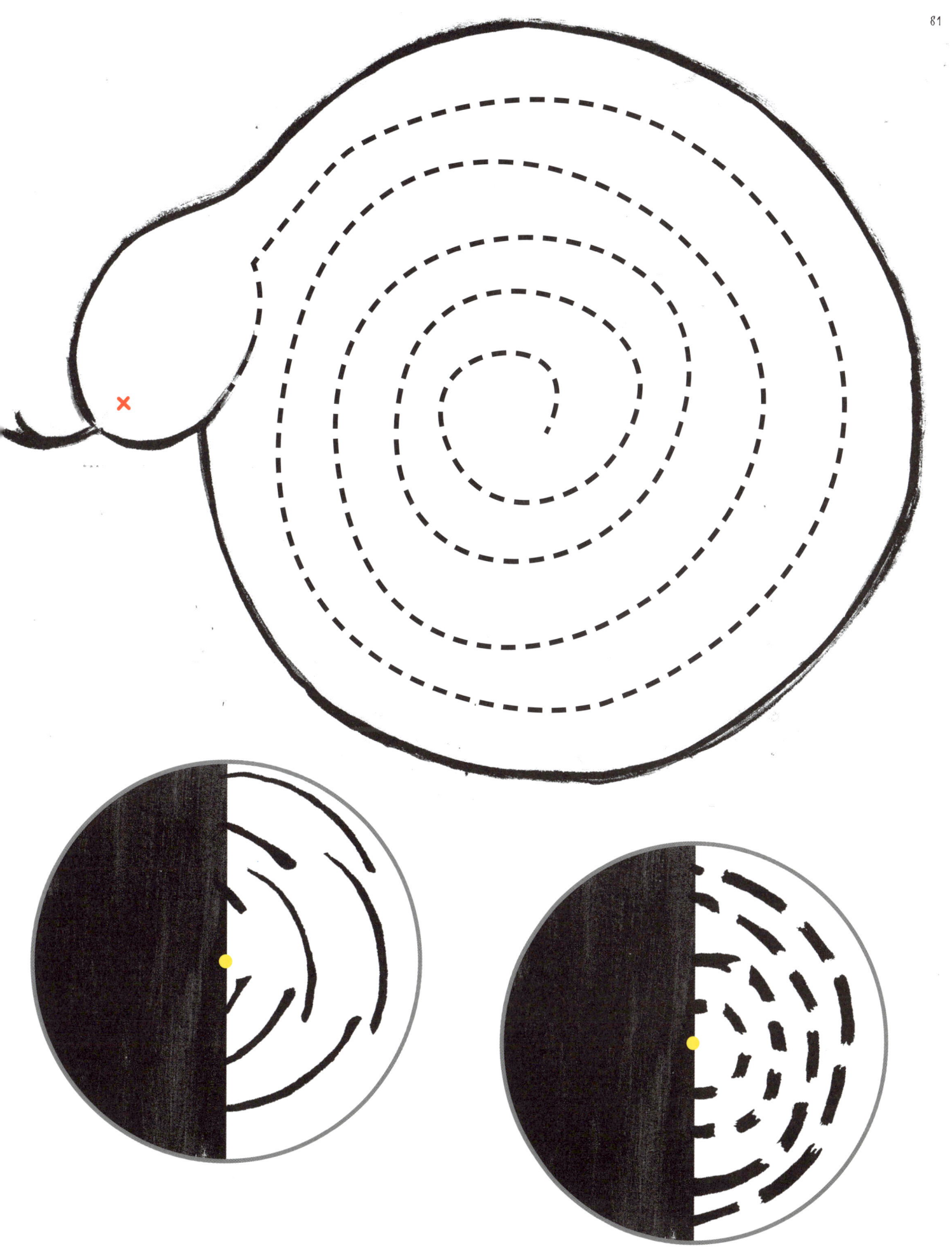

87

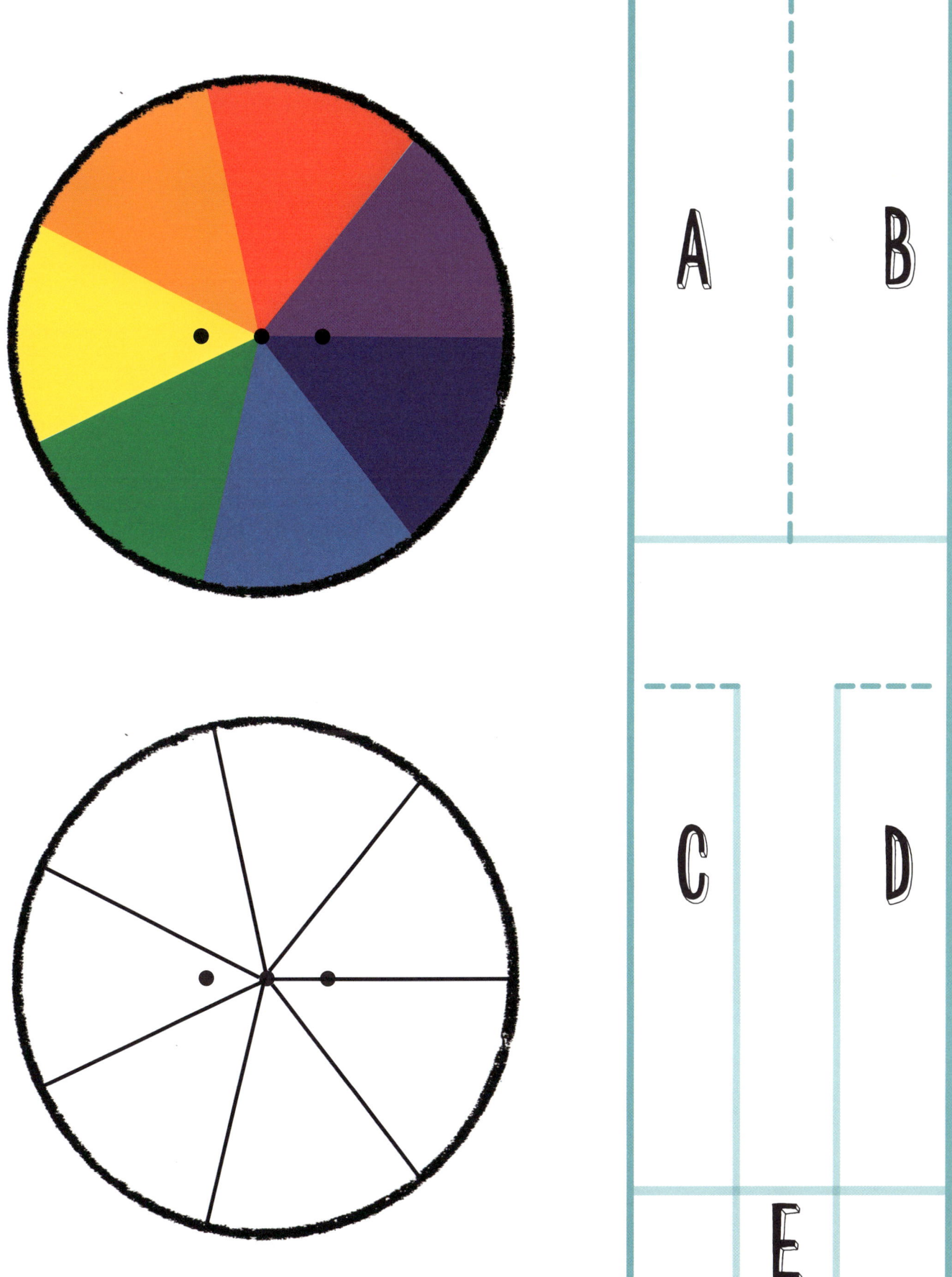

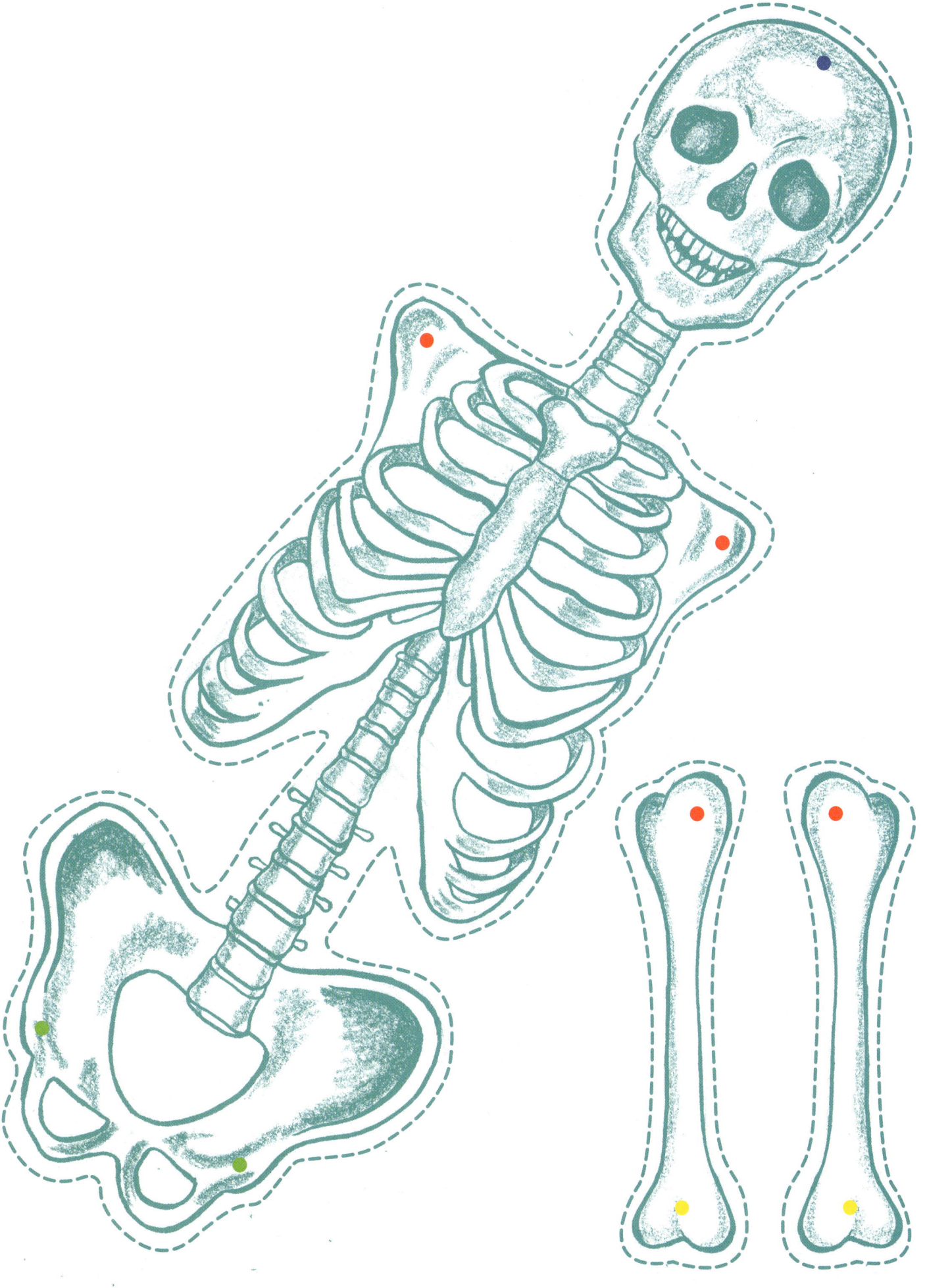

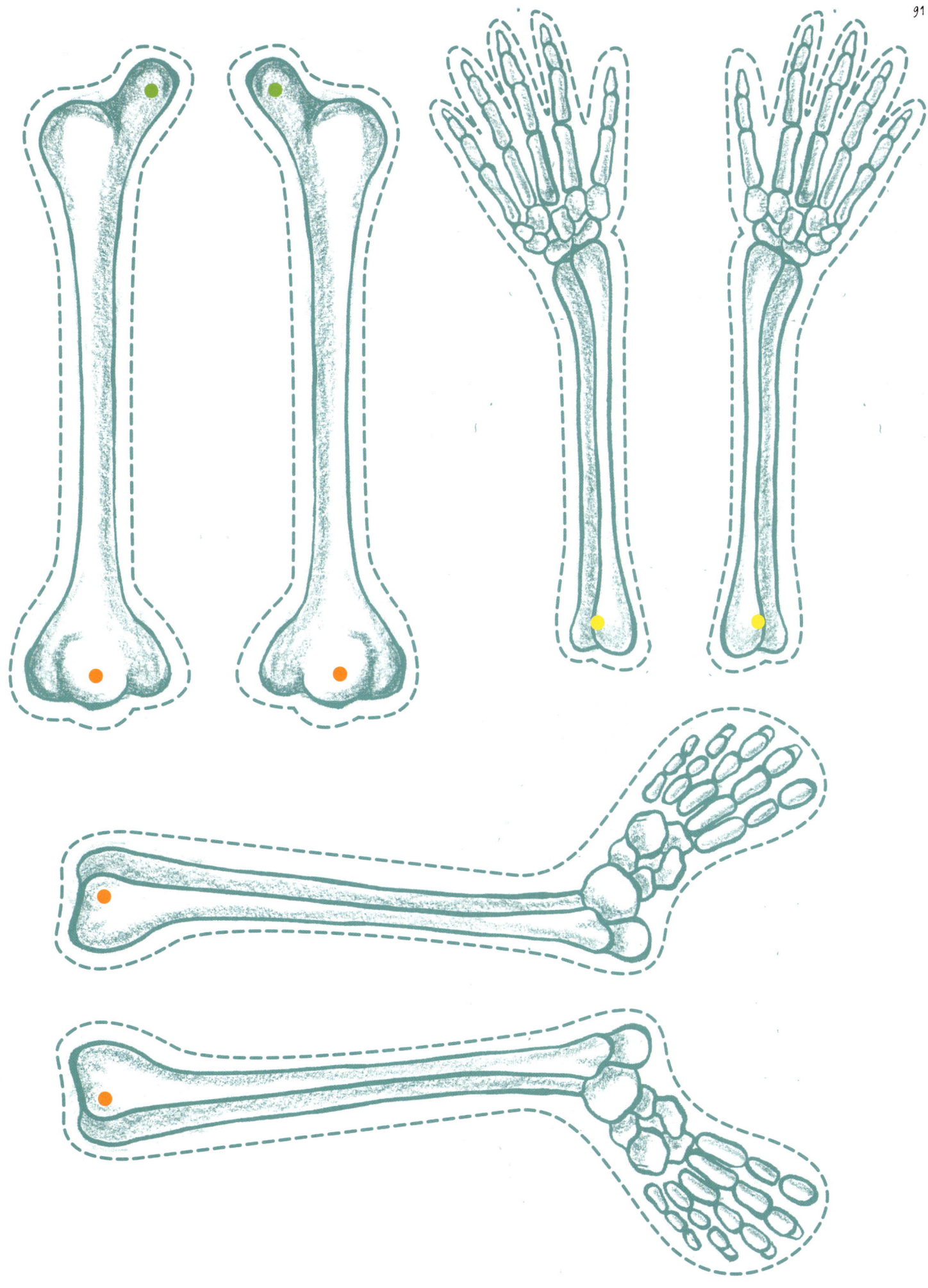

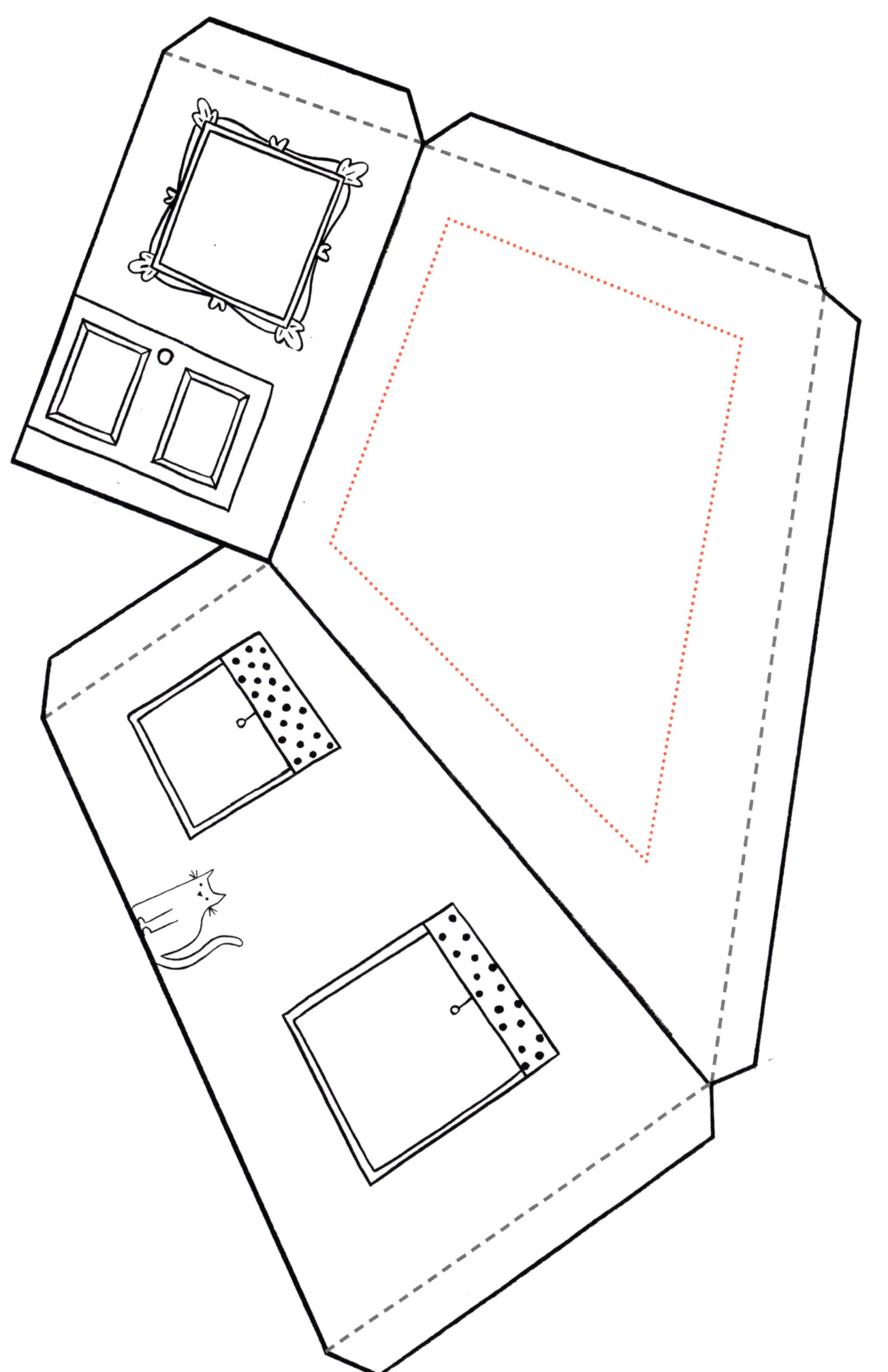

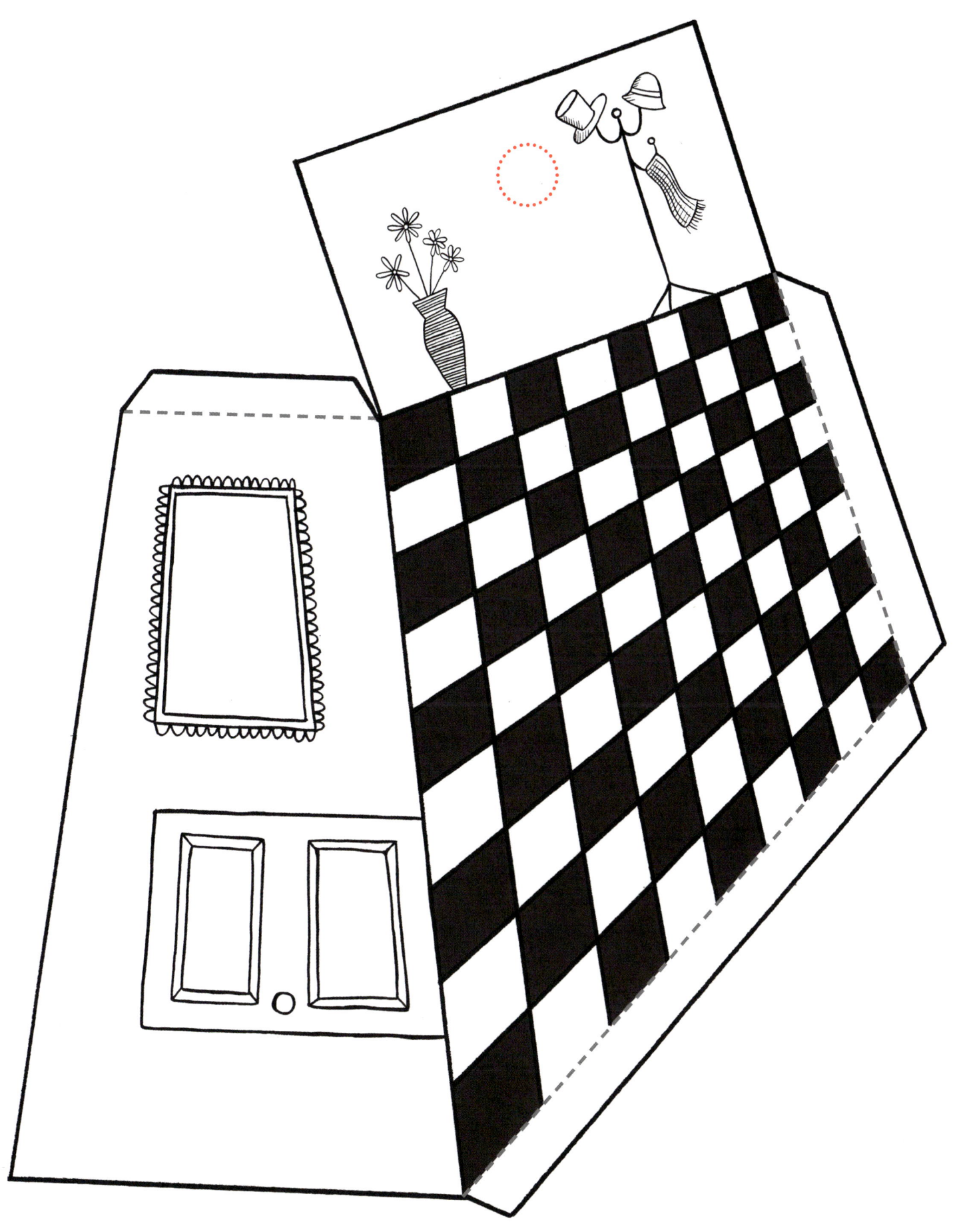